だいわ文庫

まわりの人と「うまく付き合えない」と感じたら読む本

心屋仁之助

大和書房

はじめに

こんにちは。性格リフォーム心理カウンセラーの心屋仁之助《こころやじんのすけ》です。

この本を手に取っていただき、ありがとうございます。

僕は現在、京都を拠点として全国での講演活動や本の執筆などを行なっています。

現在はカウンセリングは行なっていませんが、それまではカウンセリングスクールやセミナーを通じて多くの方の心と向き合い、「心の持ち方」に関する本を40冊ほど書いてきました。いわば、〝心のお悩み〟を解決する専門家というわけです。

実はかくいう僕自身が、ちょっとしたことでも傷ついたり、イライラしたり、不満を感じて生きてきました。会社員時代は特に感じていたように思います。

まわりへの不平や不満が、自分を取り囲んでいて、「ゆとり」が少しもない。

上司に怒鳴られると体が硬直して、思考停止の状態に陥ってしまう。

顔を合わせても挨拶《あいさつ》ひとつしない部下と接するたびに、いちいちガッカリしたり、イラッとする。

仕事や人間関係が思うようにならないことに自己嫌悪を抱くとともに、まわりへの恨み・つらみが高じていく。そんな日々を送っていました。

でも、この本でお伝えする「あること」に気づいて実践を始めてみると、他人の言動にいちいち反応しないですむんだ、楽に生きられるんだということがわかってきました。すると、不思議なことにまわりの人たちの行動も変わっていったのです。

その方法をカウンセリングなどでクライアントにお伝えし、実際にやってもらうと、面白いように効果が出てきたので、それらをまとめて皆さんにお伝えしたいと思います。

・自分に自信がない（能力、魅力に自信がない）
・引っ込み思案でうまく自分の気持ちを言えない
・ずっと何かにツンと怒っている
・職場にイヤな人がいて、そいつをどうにかしたい

今まで相当悩んできたことでしょう。そのせいで、

自分だけいつも損する目に遭うと感じている。

自分が軽く扱われているような気がする。

自分のことを理解してもらえなくて、苦しんでいる。

自分ばかりめんどくさいことを押しつけられて、気の休まるときがない。

なぜだかうまくいかない、流れが悪いなと感じている。

ひと言で言うと「理不尽な思い」に翻弄《ほんろう》されている、そんな方にこの本をお届けしたいと思っています。

穏やかな気持ちで、いつも笑顔で過ごすための秘訣《ひけつ》をぜひ楽しみにしていてください。

一緒に穏やかな日々が送れることを楽しみにしています。

2016年　2月

心理カウンセラー　心屋　仁之助

第2章　「いいひと」をやめる魔法の言葉

第1章
人間関係はなぜ「うまくいかない！」のか？

それはそうですよね、一昔前の僕もまったく同じことを思っていましたから、よくわかります。

自分は、ちゃんとルールを守っているし、気も配っているし、がんばってもいる。だから、変わるべきなのは「あいつ」である、と。

でも、そんな「あいつ」は気楽に、楽しくやっている。評価もされていたりするし、友だちもいっぱいいる。

こっちは、こんなに「ちゃんと」しているのに、なんで「ちゃんとしてないあいつ」にこっちが振り回されないといけないのか、と思っていました。

いくら言っても変わらない。そして、いつも不快な感じを胸に抱《いだ》く日々でした。

でも、それが一変したのが、今からお話しする方法なのです。

カウンセリングの場面においてよくある相談が、

「まわりにイヤな人がいっぱいいて、迷惑してるんです」

という相談です。

そういう場合、僕はいつも、「その出来事やその人の〝どういう〟言動を問題だと感じるのか」を考えてもらいます。それはもう、ひどいでしょう。信じられないでしょう。でも、たとえば、「うちの子どものカウンセリングをしてほしいのです」というお母さんがいる場合、僕は受け付けないことにしています。

代わりに「この子が問題だ」と言っているお母さんをカウンセリングすることで、ほぼすべての問題が解決します。

目の前の問題というのは、しゃぶしゃぶの灰汁《あく》のようなものです。すくってもすくっても、浮いてきます。だから、目の前の問題だけに対処しようとする灰汁すくいのようなカウンセリングは、長引きます。

だったら、灰汁をすくい続けるのではなく、早く肉を食べてしまえばいい。

「問題の所有者は誰か」「問題を感じているのは誰か」ということをはっきりさせていくことで、問題の解決が早くなります。

「あの人」の問題を自分のことのように解決しようとしたり、「あの人自身」は問題だと思っていないのに、「私が」なんとかしようとする場合、したいと感じる場合は、まず「あの人」ではなく、「自分の中の反応」を見つめてみるといいのです。

嫌っているんだ」「自分が自分のことを認めていないんだ」ということ。そして「そんな自分を変えるほうが早い」ということでした。

「自分」というのは、言い換えると「**自分の反応**」です。この「反応」が、自分の「性格」だと気づいたのです。

僕は「性格リフォーム」の心理カウンセラーとして活動していますが、この**「性格を変える」というのは、結局、自分の「反応を変える」ということ**なのです。

ある特定の言動や出来事に対して、イラッとしたり、落ち込んだり、動けなくなったり、ムキになったり、傷ついたり、いじけたり、意地を張ったり、ひねくれたり、逃げたりと「過剰に」反応してしまうのは、その言動や出来事に対する「反応の種」が自分の中にあり、それを解消しないかぎり、「反応」つまり「性格」は変わらないことに気づいたのです。

上司が笑いながら話しかけてきた　↓　**バカにされた**と過剰反応
部下に「その考え方は古い」と言われた　↓　**見下されたと**過剰反応
友だちに話しかけたら無視された　↓　**否定されたと**過剰反応

このように、人間関係が「しんどい！」と思うとき、それは、自分の心の中に過剰反応している「何か」があるということ。これは「まわりが悪い」と思っていた僕にとって、ものすごい衝撃でした。

生きていると、身の回りにいろんな出来事が起こります。なんだかイヤだなという人も、苦手な人も、嫌いな人にも出会います。

でも、人間関係で悩んでいるとき、その「悩みを作っている原因」はほぼひとつです。

それは、**「その出来事をつらい、問題だと感じる心」**なのです。

そして、「問題だ」と思った瞬間から、その問題は「他人の問題」ではなく、「問題だと感じた人の問題」になっていくのです。

そう、自分を必死に守るため。自分を大きく見せようとしているのです。

小さなことに過剰に反応する人というのは、そのような犬と同じだと思っておけばわかりやすいです。何かをすごく「怖がって」いるわけです。


このように、ある特定の言動や出来事に対して、勝手に傷つく人や必死に自己正当化する人に共通するのは、「**自分に自信がない**」そして「**すねている**」ということです。

だからちょっとしたことで傷つきます。落ち込みます。あるいは、怒ったり、ムキになったりします。

「なんでこんなこともできないの」と言われて、傷つく。

「その服、あんまり似合わないよね」と言われて、激しく落ち込む。

「もっとがんばれよ」と言われただけなのに、ムキになって自分の実績をアピールする。

「彼氏いないの？」と聞かれただけなのに、「セクハラだ！」と騒ぎ立てる。

何を見ても、されても「悪いほうに」反応してしまいます。

一見、偉そうにふるまう人でも、実はこのように何かに怯《おび》えて「自信がない」と感じ、それを隠しているのに図星を突かれて「吠え」ている人が多いのです。

この「反応」を起こすかぎり、終わりなき不安に襲われる世界からいつまでも抜け出せません。

いいひとほど「自身（＝自信）」がない

僕のセミナーやカウンセリングにいらしてくださる方をみると、

「上司が気に入るようにしているのに、不平不満ばかり聞かされて参ってしまう」

「がんばっているのに、部下のトラブルのしわ寄せが自分にくる」

「我慢しているのに、パートナーはわがままを言いたい放題」

という主張をされます。「自分は悪くない」「自分はちゃんとしている」という主張です。

この「自分は悪くないのに足を引っ張る人がいる」と困っている人というのは、たいてい「いいひと」をしています。

そして、実は**「いいひと」**は、**「自分の本心にウソをついている」**のです。

たくさんの「？・？・？」が浮かんだ方もいると思います。

「いいひとでいる」「ちゃんとしている」ことは、「とてもいいこと」だと思っていますよね。僕もずっと、いいことだと思ってやってきました。

上司のことを思いやっていれば、彼女の記念日を覚えていれば、彼氏にもっと興味を持てば、怒らないでなんでも受け止めれば、わがままを言わずにいれば、人間関係はうまくいくと思っていませんか。

なぜなら、そのほうが「嫌われない」から。

でも、この**「いいひとでいれば嫌われない」という考え方を持っている人ほど、実は、腹が立っていたりする**のです。

イソップ童話に「卑怯《ひきょう》なコウモリ」という話があるのをご存じでしょうか。

昔、鳥たちと獣たちが争っていました。その様子を見ていたコウモリは、鳥たちが有利になると鳥たちのところへ行き、「私はあなたたちと同じように翼を持っていますから鳥の仲間ですよ」と言いました。

ところが、獣たちが有利になると今度は獣たちのところへ行って、「私は獣の仲間です。ネズミのような灰色の毛皮と牙《きば》があるでしょ」と言いました。

やがて鳥たちと獣たちの争いが終わると、コウモリの裏切りが明るみに出て、鳥と獣の両方から非難を受けることになってしまいます。

居場所がなくなったコウモリは、しかたなく暗い洞窟《どうくつ》の中へ身をひそめるようになりました……。

おわかりでしょうか。「いいひとぶる」というのは、このコウモリのようなものです。

自分をよく見せようとするあまり、自分の意見や考えを捨てて、周囲の言い分や意見に首を縦に振ってばかりいる。「自分」ではなく「他人」という軸を中心に生きて、自分を亡くしてしまっているということです。

「自分がない」は、言い換えると「自身がない」ということです。

そして、「自身がない」は、言い換えると「自信がない」ということです。

つまり、「自身がない」から「自信がない」のです。

「自身」がないと「自信」がなくなってしまって、誰かに合わせることばかりになります。

あなたも、コウモリになっていませんか？

「いいひとぶる」のは、嫌われたくないから

「人に嫌われる」という恐怖に敏感な人ほど、「いいひとのフリ」をします。

つまり、**「いいひとぶる」というのは、人に嫌われる、見捨てられる「怖さ」からスタートした行動なのです。**

でも、恐れというのは隠せば隠すほど、心の中で占める割合が増えていき、結局その恐れは現実化します。

人に嫌われる「怖さ」を持っている人は、仲間外れにされないように、バカにされないように、無視されないように、話しづらい人と思われないように、無能だと思われないように、つまらない人と思われないように、無神経な人だと思われないように、

無愛想な人だと思われないように、がんばってダメな自分を隠して「いいひと」「ちゃんとしたひと」でいようと心がけます。

よかれと思って、「ものわかりがいいひと」「あきらめのいいひと」になっていきます。

相手から失礼なことを言われても、嫌われないためにグッと言葉をのみ込む。

自己主張すべきときでも、人に嫌われないためにグッと言葉をのみ込む。

なのに、なぜか不愉快なことが増えていくのです。

好きでいてほしいから、なんでも言うことを聞いているのに、褒めてもらえない。

正しいことをしているのに、それに反する行動をとる人が評価される。

「自分がここにいることをわかってほしい！」と一生懸命になるほど、存在を認めてもらえずにガックリくる。

「強く生きたい！」と思うほど、自分のダメさや弱い部分をあらためて知るハメになる。

「人に好かれたい！」という願望が強くなるほど、どういうわけか避けられてしまう。

会議の席でも、こんなことを言ったらバカにされるんじゃないか、こんなことを言ったら上司は気を悪くするんじゃないか、と他の人の目が気になって、自分の意見を言えない。

仕事で困ったことがあっても、誰にも相談できず、勝手に進めて、あとで大目玉をくらう。

また、時には褒めてもらいたくて、がんばって人の役に立つことをしたり、実績を上げたり、斬新《ざんしん》な意見を出したりしているのに誰も認めてくれない。

なんで私のことをわかってくれないのだろう。私のことをもっとちゃんと評価してほしい。

いつも見下されているようだし、やることなすこと賛成してもらえない。それなら、深く考えずに、「私もそう思います」「わかりました」と言うほうが波風が立たないし、自分も苦しくない。

相手にヘンなやつと思われたくないし、嫌われたくもない。そんな気持ちが強くなり、自分の思っていることを口にできなくなり、そのうちに自分の心に少しずつ澱《おり》のように満足できない気持ちが蓄積されていくのです。

さらに、**「いいひとでいよう」とするほど、まわりの人の言動に対する心の許容量が小さくなっていきます。**

心を閉ざし、人を疑うようになっていきます。

なんか、睨《にら》まれた「気がする」。なんか、冷たくされた「気がする」。なんか、軽く扱われた「気がする」、といった「たぶん」から始まって、絶対、嫌われているに「決まっている」と、どんどん疑心が生じていくのです。

「いいひと」としてがんばっていたら、まわりがどんどん仕事をしなくなったり、さぼったり、いい加減なことをしたり、おかげでその尻拭《しりぬぐ》いに奔走《ほんそう》したり、そこにさらに仕事を押しつけられたりする。

頼りにされるのはうれしくてついやってしまうけど、どうもうまく利用されているような気がしてしまう。

次第に、もう傷つけられたくないと思って、自衛のために「あんたが悪い」「それはおかしい」と〝正義の剣〟を振り回して人を裁き、攻撃するようになります。

嫌われないように「いいひとでいよう」とすればするほど、こんなふうにネガティブな反応がどんどん大きくなっていき、目の前のことに心が過剰にざわついてしまうのです。

このネガティブな反応をやめなければ、問題はいっこうに解決しません。

つまり、「いいひとのフリ」をやめて、「本当の自分」に戻らないかぎり、しんどい人間関係は、いつまでも続くということです。

「正しい自分」が自分を苦しめる

たとえば自分の心の中で「この人の言っていることは間違っている」と思ったとします。

そのとき、自分の思っていることをストレートに相手にぶつけてしまい、お互いに感情的になり、人間関係が壊れてしまった。結果的にとてもイヤな思いをしてしまった。

そんな経験がある人は、「この人の言っていることは間違っている」と確信しても、決して口を開いて波風を立てようとはしません。

そして常に自分は、「わがままを言わないで」「空気を読んで」「泣かないで」、ちゃんとできる人でいることで生き延びてきたわけです。

つまり、**「いいひと」になろうとするほど、「本当の自分の気持ちを否定する」ことになります**。


それなのに、それなのに!!　自分が「してはいけない」と思っていることをする人が目の前に現れるから、「私はちゃんとしているのに、お前、ズルい!!」と心が叫んでしまう。

「自分だけがまわりの目を気にしてがんばっている」ような気がして、「自分だけが不自由に生きている」ような気がして、むしゃくしゃする。

それはつまり、太るのがイヤでケーキを食べるのを我慢しているのに、目の前で美味しそうに食べられたときの腹立たしさと同じこと。「私もホントは、そうしたい!!!」と叫んでいるのと同じことなんですよ。

「私も、ホントはそうしたい」

ひとでいる」「長女は下の子の面倒を見る」「お兄ちゃんは我慢する」「男は泣いてはいけない」「遅刻してはいけない」「人が嫌がることはやめよう」といった教えを受けると、「ああ、こういうのはダメなんだ」と、自分の中にあるパズルのピース（性格）のひとつを「ダメなピース」「劣っているピース」として、隠したり、認められずに嫌って外に捨てようとします。

そして、自分が嫌うピースを捨てて「きれいな人」「弱くない人」「できる人」として生きていこうとします。

ところが、**自分の中から嫌いなピースを外に捨てると、家の外にゴミを捨てたように、自分のまわりが、嫌って捨てたピースだらけになってイヤな感じになってしまう**のです。それがイヤな出来事とか苦手な人です。

それを自分は「私のまわりが問題だらけ」って言うんです。自分だけが「ちゃんとしているひと」でいようとしているとこうなるのです。そして、いつまでも自分はピースが足りずに欠乏感を感じてしまうのです。

物心つく前から教えられてきたことは、「当然そうすべきもの」としてその人の思考の基礎となっていきます。まるで呪《のろ》いをかけられてしまっているように、です。

子どものころに刷り込まれたルールが根強くしみついている人は、自分の言動のすべてを、いったんその基礎に照らし合わせて、自分が間違っていないかどうかを判断してから行動に移します。

「～するべき・～するべきでない」というふうに、自分の中で**「ルールづけ」**をする。

つまり、「○」と「×」をつけるのです。

「べき」が不安を連れてくる

この「べき」は、自分という人間のこれまでの長い歴史の中でずっと守られてきたものです。

だから、**「守らなかったら親に怒られた。ひどいときには叩かれた」といった記憶が古傷となって、それを「守らないこと」「やらないこと」が、恐怖につながります。**

たとえば「時間を守るべき」と言う人がいたとします。試しにその人に、「時間を守らなかったらどうなるの？」と聞いてみると、「みんなが迷惑する」「仕事が遅れる」など、初めはいかにももっともらしい理由を付けますが、それらをずっと突き詰めていくと、多くの場合が、「怒られる」もしくは「嫌われる」につながります。

「嫌われる」というのは、「その場所に居づらくなる」とか「見捨てられる」というものに近いでしょう。

時間を守らない ＝ 怒られる ＝ いい加減な人間だと思われる ＝ 嫌われる ＝ 居づらくなる ＝ 一人ぼっちになってしまう

という具合ですね。つまり「べき」の裏側には、ぴったりと「嫌われる恐怖」「愛されない恐怖」がくっついているのです。

だから自分が「しない」と決めていることを、目の前で部下や同僚や子どもが平気で「する」と、とたんに心が「見せないで！」「見たくない！」と騒ぎ出します。そして、「それは間違っている」「すぐやめろ！」と騒ぎ出すのです。

これは、怒っているのではなく、「恐怖」に怯えているのです。

「そんなことしたら、（私のように）怒られるよ!!」と、叫んでいるのです。

「いいひとのフリ」をする人というのは、この守らないといけない「べき」が多すぎて気が休まる暇がありません。自分にとって「こうするべきではない」という人が目の前に現れて、悩み続けるのです。

「約束は守るべきもの」と思っていると、すぐ約束を破る人に腹を立てますし、自分が約束を守れないときは大きな恐怖感に囚われます。

「留守電にはできるだけ早くこちらから電話を返すべき」と思っていると、そうしない、つまり自分の「べき」に従わない人にムカッとします。

また、そのような人がそばにいるだけで悩みとなり、「問題」であり続けます。自分が留守電に返事できない状況にあるときは、ものすごい恐怖にかられます。

「上司は部下を怒鳴りつけてはいけない」と思っていると、怒鳴る上司に納得がいかず、そのことでいつまでも思い悩み、怒鳴ってしまう。怒鳴りたい自分との葛藤《かっとう》に悩みます。

自分自身がルールを守るため、そしてまわりにも守らせるために常に周囲と自分を監視し続けないといけないのですから、そりゃあ、疲れます。

この「べき」は、自分がどんな「べき」を持っているのかということさえ気づかないぐらい、強く根底に根付いています。

その根底に根付いた「べき」が、「その人だけの現実」を見続けさせるのです。

古傷その2 トラウマ

「△△をすると、◆◆になる」という記憶を思い出す

いわゆる「トラウマ」も心の古傷のひとつです。

トラウマを簡単に言うと、子どものころに負った（体験した）心の傷、というものですね。こっぴどく叱《しか》られた、いたずらされた、仲間外れにされた、という類《たぐい》のものです。

僕の場合、子どものころ、何をしでかしたのかはまったく覚えていませんが、親に

叱られて家の古い土蔵に閉じ込められたことがありました。

以来、今でもエレベーターなどの狭い空間にいるのがあまり好きではありません。

これも一種の「**恐怖を伴ったトラウマ**」ですね。

この体験で、「○○は、××だ」という「思い込み」をしてしまうのです。もしくは、「△△をすると、◆◆になる」といった思考を超えて、「暗く狭いところ＝悲しさと恐怖」というスイッチができてしまうのです。

たとえば、上手にかけた絵をお母さんに見せたとき、お母さんがたまたま忙しくて、「あとでね」と言った。

するとその子は、「私のやったことは、褒めてもらえないんだ」「私に興味がないんだ」「私のことなんてどうでもいいんだ」「私は嫌われているんだ」と、どんどん悲観的に連想し、強く思い込んでいきます。

このお母さんとのやりとりを見ていただくとわかるのですが、そこにあるのは、「お母さんは忙しかったから、『**たまたま**』話が聞けなかった」という事実だけです。

お母さんはその子がとても可愛かった。でも「たまたま」忙しくて、絵を見られな

んだ」と、頭で理解したとしても、感情と反応がついてこないのです。

トラウマの問題でもうひとつ、カウンセリングの現場でよくみられるのが、「信用できない」というものです。

小さいころに親に振り向いてもらえなかった（と感じる）体験をした人は、「自分は振り向いてもらえない人」「自分は受け入れられない人」という思い込みを持ちます。

すると、友人関係の中で「振り向いてもらえない」「裏切られる」「嫌われる」「人が離れていく」という体験をしたとき、そこに過剰に反応して「自分は受け入れられない人」という思いを強化します。

そういうトラウマを持っている人は基本的に、人との付き合いの中で常に怯えています。

いつか離れていく、いつか裏切られる、だから人に近寄れない、親密になれない。

これは、そのまま恋愛に当てはめることができる人も多いのではないでしょうか。

僕も同じ経験をしているのでよくわかります。基本、人のことが信用できなかった。

さまざまな「拒否」体験や、拒否だと「感じる」体験をしたことで、「どうせそのうち嫌われる」「どうせすぐに飽きられる」「どうせすぐに別の人のところに行くんでしょ」という思いが常にあり、それが怖くて、離れられる前に自分から離れていくという行動を繰り返していました。

記憶は、嘘八百

トラウマの話が出たところで、僕たちの「記憶」というものについてもお話ししなければいけません。

僕たちの思考は、基本的に「記憶」でできています。過去に見たこと、聞いたこと、体験したこと、言われたことなどの記憶をもとにして物事を判断したり、行動したりします。

でも、僕は自分のセミナーなどでいつも「**記憶は800%ウソ**」とお話ししています。

800%ウソって……。どういうことなのでしょう。

僕たちは何を「記憶」しているのかというと、「事実」ではなく「印象」です。大きかった、怖かった、暗かった、おいしかった、楽しかった、という「印象」です。

その「印象」だけが残っていて、その印象に沿うように出来事を思い出して（事実として作り出して）いくのです。

その証拠に、僕のカウンセリングでは「過去の出来事を親に確認する」ということを時々やってもらうのですが、皆さん驚かれます。

たとえば「昔、お母さんに『あなたの絵は下手だね』って言われて傷ついた」という出来事の「事実」を親に確認してもらうと、まぁ、ほぼ100%、お母さんは覚えていませんし、逆のことを言われて驚くこともあります。

「そうそう、あなたは絵がうまかったねー」と言われて、「？？？？！」となるようなことがたくさんあるのです。

これが「記憶」です。**「事実」ではなく「印象」だけを覚えている。**そのかろうじて覚えている「記憶」も、その裏にある「都合」「事情」を知らなかったり、子どもの目線だったり、すべてを把握しているわけではありません。

「記憶」というものはそんなふうに自分の五感を通したもので構成されていきます。かつ、その時点で「正確」な記憶ではなく、「自分がとらえた記憶」なのです。

しかも、年月がたつほど記憶は薄れていきます。だから、僕たちの記憶というのは「事実」ではなく、「自分だけの印象」だと思っていいのです。

僕たちはいつも、記憶をねつ造している

僕があえて100％ではなく、800％と言っているのは、僕たちは記憶の中で、都合のいいように記憶を「ねつ造」「改ざん」するからです。

たとえば、昔のつらかった体験を話すとき、または楽しい体験を話すときには、人は話しながら相手の「反応」を観察します。

「ウケてるか」「ちゃんと聞いてくれているか」「伝わっているか」、そして「この気持ちをわかってもらえているか」を観察しているのです。

そして、そこで相手の反応が薄い、つまり自分の悲しみをわかってもらえていないと感じると、悲しみを受け取ってほしくて、話に尾ひれをつけ始めます。

たった1回だけのことを「いつも」とか、「ダメよ」って注意されたことを「やめなさい!!!」とヒステリックに怒られた」と、「**盛る**」のです。

また、楽しい話や失敗談がひとたびウケると、それはそれで話すたびに大きく「盛る」という経験をしたことはありませんか。

人は話しながら事実をねつ造して、「印象」を大きくしていきます。それはひとえに、「わかってほしい」「分かち合いたい」という思いの表れなのです。

逆に、知られるのが恥ずかしいような失敗談などは、失敗を少なめに表現したことがある人もいると思います。

そして僕たちが「話した」過去の出来事の内容は、「話した」時点で「過去」の出来事ではなく「今」の記憶として、毎回アップデート（上書き更新）されていきます。これが「ねつ造」「改ざん」です。

そう、**過去のことを「今」話すと、今の記憶になる**のです。

たとえば、30年前にお母さんに怒られた記憶を、今日誰かに話したとします。すると「30年前にお母さんに怒られた」というタイトルの話についた記憶の「日付」が更新されます。

つまり、話した時点で「今日の日付」のついた「30年前の記憶」になるのです。

そして、その記憶は常に更新され、最新版に置き換えられていくのです。

今までにもいったい何度書き換えたことでしょう。何度も思い出すたびに記憶は塗り替えられ、イヤな記憶はよりイヤになっていきます。

このようにして、怖い出来事はより怖く、悲しい出来事はより悲しく記憶されていきます。

その「作り替えられた記憶」が「反応の種」となって、見るもの、聞くもの、感じるもののすべてに、つらい反応が起こってくるのです。

これは、目の前の出来事に反応しているというよりも、過去の感情を、再び味わっているようなものなのです。

いポイント」「触れられたくないポイント」ですね。これが「恥」という名の劣等感です。この恥を隠すために心の扉を固く、固く閉ざしてしまいます。

僕も中学生のときに「仲間外れ」体験をしました。それはつらいことだったのですが、それ以上に、僕にとっては「恥ずかしい体験」だったのです。

何が恥ずかしかったのかというと、「そういうことをされるような、人間的に魅力のないやつなんだ」ということを知られたくなかったのです。強烈な「恥」でした。自分の人生のトップシークレットでした。

だから、大人になって、その隠している「恥」に他人が触れようとすると、もしくは、触れられたと「感じた」とき、たとえば「友だち少なそうね」とか「いつも一人で寂しそう」なんて言葉を耳にすると、まるで自分の欠点を指摘されているように思えて、烈火のごとく怒っていました。「ひどいこと言われた!!」と。

つまり**自分が自分のことを「劣っている」と思っているから、まわりの言動が「自分の劣等感をあざ笑っているように」見える**のです。

古傷その4　罪悪感

「できない自分」がイヤで、がんばりすぎる

「私は期待に応えられない」という劣等感を持っている人も多いです。この劣等感は、形を変えていきます。

たとえば、子どものころに、両親がいつも喧嘩《けんか》しているのを見ていた。でも、自分にはそれを止められなかった。それによって自分の力のなさを感じてしまい、やがてそれが、**「こんな自分でごめんなさい」という罪悪感に変わってしまう**こともよくあります。

自分が「やめて」と言っても両親が喧嘩をやめてくれないのは、自分に価値がないから。自分の言葉なんて、自分の存在なんて、重要じゃないんだ。止められない自分は役に立たない人間なのだ、と自分のことを卑下《ひげ》してしまう。それを自分の「罪」としてしまうのです。

また、実際は両親が「喧嘩」をしていたわけではなかったのに、そう「見えた」だ

想像してみてください。心が安心で埋められると、

・不安が少なく、自分に自信がある
・自分の欠点が気にならず、劣等感もない
・心から人と分かち合える

本当の意味での楽しさを感じられるようになるのです。

今は信じられなくても「もしかしたら、もう安心してもいいのかもしれない」と、信じてみませんか。

すると、それだけで不安のラットレースから抜け出し、常に笑っている、楽しんでいる、安心している、満たされている、何かに感謝している、そんな**「天国思考」**に切り替わるきっかけになるのです。

天国は、いつも安心して、満ち足りている世界。人にも優しくできる。ワクワクして、うれしいことでいっぱい。たくさん持っているから損を感じずに分かち合える……そんな世界です。

　ちょっと見方や考え方を変えれば、今の自分にも本当は十分に「ある」と気づけます。

「ない」と思っていたのに、こんなにも「ある」んだ――。

　その気づきが生まれた瞬間、パッと目の前がひらけて、現実は変わらなくても世界が変わっていくような感覚に包まれるのです。

　そして、その感覚がわかり始めると「変わらないと思っていた現実」がありえない変化を始めるのです。

この章のまとめ

- ▶「性格を変える」というのは、結局、自分の「反応を変える」ということ。
- ▶身近な人と「うまく付き合えない」のは、「自分は人に嫌われるはず」と怯えているから。
- ▶自己実現とは、今まで「なかったことにしてきた」ダメな自分と仲直りすること。
- ▶苦手な人、嫌いな言葉、イラだつ出来事は、「ないことにした自分」を教えてくれる鏡。
- ▶親にかけられた「べき」の呪いが、「現実」をゆがめて見させる。
- ▶「自分が正しい」と思うほど、まわりが「正しくない人」だらけになる。
- ▶ネガティブな「どうせ」が、ネガティブな「やっぱり」を連れてくる。

第2章

「いいひと」をやめる魔法の言葉

もう十分がんばってきたじゃないか

ここまで、自分の中にある「反応の種」を知るヒントをたくさんお話ししてきましたが、いかがでしたか。「原因」は、「反応の種」として自分の中にあったのです。

でも、「自分の中に原因があるんです」というと、多くの方が、「あなたが悪いんです」と言われている「気がする」と言われます。そう、「気がする」のです。

気がする、ということは、「自分が悪いんだ」と思いながら生きてきた、ということです。

じゃあ、いじめも、虐待も、セクハラも、モラハラも、自分の中に原因があるって言うんですか、なんてヒステリックに言われることもあります。

僕はそれでも、「そうよ」と言います。つまり、自分が悪いわけじゃない、自分の中に「原因」があるだけだ、ということです。

「自分の中に原因がある」と、「自分が悪い」は、違うのです。自分の中に「原因」があるというのは、「反応の種がある」という、ただ、それだけのことです。

じゃ、その「原因」とは何か。それは、
・自分は悪くないのに、ひどいことをされるという「思い」
・自分は、ひどい目に遭う存在だという「思い」
です。

だから、人の言うことを聞かないといけない、人に尽くさないといけない、わがままを言ってはいけない、役に立たないといけない、目立ってはいけない、という思考になる。そうやって、がんばっている「のに」またひどい目に遭う。

ちがうのよ。そうやって、**がんばっている「から」ひどい目に遭うんです。**

そして、その「ひどいこと」をする人も、ひどいことをされる人と、まったく同じ傷が心の中にあることも知っておくといいですね。だから、お互いが鏡となってその傷を知ろうとしているのです。


子どもの頃に遭う「被害」は、本当に、その人は何も悪くない。でも、それが「原因」を作る。なんで、こんな仕組みになっているんだろう。なんで、わざわざそんなひどい目に遭わないといけないんだろう。

誤解を恐れずに書きます。

自分が、あの人に、ひどいことを「させた」のです。

なぜか。「それを、乗り越えたいから」です。「それを、やり直したいから」です。愛されなかった、ひどいことをされた、という体験をして、まずは自分の中に「愛されない人間」「ひどいことをされる人間」という「初期設定」を行なった。それが「生きていくバネ」になるのです。それが「生きていくパワー・成長のエネルギー」になるのです。

嫌われたくなくて、好かれたくて、役に立ちたくて、必死にがんばって。いい性格に、人に優しく、我慢強く、知恵もつき、何でもできるようになった。ほら、成長した。

そして、もう、この本に出会った方は、その「バネ」の外し時なんです。

大気圏を突き抜けて宇宙に出るには巨大なロケットが必要でした。ものすごいエネルギーが必要でした。でも、もう、あなたは、実は、大気圏を突き抜けているんです。

大気圏を出ているのにロケットを積んだままだからコントロールが利かないんです。もう、ロケット、つまり「劣等感」「反発心」「見返してやる」「認めてほしい」「何かを達成したい」は、要らないんです。もう、十分がんばったのです。そんな、バネはもう要らないのです。

それは、ここまで来るために必要だっただけなのです。そんなものはなくても、あなたはもう、衛星のように力がなくても動いていけるのです。自由に遊泳できるのです。もう、がんばらなくても落ちないのです。

がんばらないって白旗をあげて、「流れ」に身を任せて、「好きなこと」「ほんとはやりたいこと」「やっぱり、やりたいこと」に向かっていけばいいのです。

ひとり相撲で十分鍛えられたのです。自主トレはもう要らないのです。でも、時々は勉強すればいいんです。楽しみながら、ね。

そして、これからは自分を大切にしていってほしいのです。

では、どうすればいいのかを、この章でお話ししていきます。

「愛されていない」「満たされていない」という勘違い、思い違いです。

これらは、「思い込んでいるだけ」なのです。ちゃんと「もらっている」のです。

でも「ない」と思ってしまった。それが「勘違い」「思い違い」の始まりであり、

「バグ」なのです。

その勘違い、思い違いの中身を認識すると、「自分の意思」でちゃんと考えることができるようになります。


まわりに不満を持っている。つまり、**問題が起こるときに必ず存在する共通のキーワードは「ある」ことに気づいていない、つまり「ない」ということ**です。

誰も助けてくれない、誰もわかってくれない、と「問題」には、多くの場合「ない」という言葉がつきます。

でも、実は自分は多くのものをすでに持っていて、気にかけてくれる人がいて、理解しようとしてくれる人がいるにもかかわらず、あなたがそれに気づいていないだけで、あなたがそれを拒んでいるだけで、自分には「何もない」と思い違いしているにすぎない、ということが実は少なくないのです。

つまり、「問題」とは、「ないと思っているものはすでに『ある』んだよ。それに早く気づこうよ」ということであったりするのです。

「自分には何もない」「自分は大事にされていない」「私には能力がない」といった「ない」という勘違いに早く気づくこと。

自分が知らないだけで、私たちは周囲の多くの人に支えられ、救われていることに気づくこと。

これだけで人生は変わります。

では、そこに気づくにはどうすればいいのでしょう。

思考のままに反応するのをやめる

他人の言動に怒りが湧いてきたり、自信を失いそうになったときには、まず**「あれ、自分は今、何に反応したのかな。何が〝ない〟と感じたのかな」と意識して足をとめ、観察する**ことが大切です。

「観察」することで、ちょっとだけ冷静に自分をかえりみることができます。それは「反応」してしまったあとでもかまいません。ゆっくり落ち着いて考えてみましょう。

自動反応する「センサー」が感知したポイントに気づいて、徐々に手動に切り替えていけば、自動反応にもてあそばれることは減ってきます。

「いつも怒られるんです」「誰も認めてくれないんです」「いつもバカにされるんです」という相談を僕はよく受けます。

ただ、その人の話をよく聞いていると、**「実際に言われたセリフとは違うセリフを聞いているように思っている」**ことが多いのです。違う意味に取っていたり、相手の顔色を違うように感じ取っていたりするのです。空気の読み違いです。

その場に居合わせた場合などは、もうテキメンです。

こういう人は、「どうせ自分は怒られる」「どうせ自分は否定される」と、「最初から決めて」いるのです。セルフイメージですね。

何を見聞きしても自分が拒否され、自分が監視されているように思えてしまう。

人から何かを言われると、やっぱり「怒られている」「非難されている」と思ってしまうのです。これがバグですね。

そこでまずは「非難された」と思ったときは、**「非難されているんじゃない、相手は〝ただ言ってるだけ〟なんだ**」と考えてみてください。

「なんでゴミを捨ててないの」という言葉も、「非難」ではなく「ただの質問」なのです。人が不機嫌そうにしていたら「自分が不快にさせた」と思うのではなく、「ただ、不機嫌なんだ」と考えながら見てください。

自分自身、誰のせいでもなく、意味もなく不機嫌なときがあるはずです。また、自分もその人も不機嫌な日があってもいいのです。

そう考えてみるだけで、自分が知らなかった現実が目の前に現れます。

相手から優しくされたり受け入れられたりしても、「どうせそのうち怒り出す」「どうせそのうち否定される」といったように「どうせ」と決めつけて、物事を斜めに見たり、信用しないと、相手は悲しみ、怒り出してしまいます。

そう、**自分が誰かに決めつけられてイヤな思いをしたときって、たいてい自分が先にそう決めつけているのです。**

だから、残念なことに相手をわざわざ怒らせてしまうんですね。そして相手が怒ると、「ほら、やっぱり怒った」と騒ぎ立ててしまうのです。

そんなときは「怒られる」「否定される」以外の反応はほしくない。つまり「怒られたい」「否定されたい」と思っている可能性もあります。「やっぱり」がほしいから。それは「どうせまた私は攻撃される」というセルフイメージを持っているからなのです。それは自分の勘違いなんだ、思い込みなんだということに気づきましょう。

誰もあなたのことを否定しているわけではないんですよ。人は「あなたが思っているほど」「あなたほど」悪意は持っていないのです。

「どうせ」という口癖を180度変える

自分のセルフイメージを上げていくことが大切だ、と書きました。僕もそのことに何年も取り組んできました。「上げる」ことを考えてきました。

でも、この「『どうせ』と『やっぱり』の法則」を見つけたとき、それは間違いだったと気がつきました。いや、間違いというのは言いすぎかもしれませんが、もっと違う方法があるのだと気づいたのです。

それが「**セルフイメージは、上げるのではなく、裏返す**」ということです。

たとえば、自分のいいところを探したり、服装や乗り物、持ち物を変えたりしてセルフイメージを「上げる」のも、もちろん効果的なのですが、「上げた」ものは「下がる」のが世の常です。

では、「下がらない」ためにはどうすればいいのかというと、「ひっくり返す」ことが必要です。パンケーキのように、くるっと返すのです。

「どうせ自分は嫌われてる」という黒い面を「どうせ自分はみんなから愛されてる」と、裏側にひっくり返す。そう、オセロのように。

「いいところもあるよ」なんて上げていくのではなく「自分は愛されすぎてる」と、真逆にひっくり返してしまうのです。

僕はいつも、何かがうまくいかないときや、ネガティブな感情が湧いたときには、「**自分が信じているものを疑うといい**」と言っています。「自分が信じて疑わない自

どうせ自分は、みんなのアイドルだし。愛されまくってるし。

どうせあの人は、私のことをすごく尊敬しているし。

どうせ自分は、失敗しても許してもらえるし。


という具合です。

僕自身、「どうせ自分は大したことない」というセルフイメージを持っていました。そこそこはやるけれど、そこそこ以上はいかない。もっと表現を変えると「二軍の四番」みたいなイメージです。

そして、このセルフイメージにぴったりの「やっぱり」という現実が自分の身の回りに、人生すべてに繰り広げられていることに気づいたときは愕然《がくぜん》としました。

この「『どうせ』と『やっぱり』の法則」から自分を解放するためには、「自分のことをもっと素晴らしいほうに疑えばいい」のです。

僕の場合、もう簡単でした。「どうせ僕は、すごいし」「ありえないぐらいすごいし」とひっくり返したのです。そして、それを口に出して口癖のようにつぶやいてみたのです。

するとと、なんとその直後から、ありえないぐらい自分の会社の業績が一気に上がり始め、本の売れ行きが伸び、みんなから「すごい」と言われることが急に増えたのです。信じられず、面白すぎでした。

皆さんも、先ほどの3に書いた自分の「どうせ自分は○○だし」という言葉を、ぜひ口に出してつぶやいてみてください。

これは、「口に出してつぶやく」ということが最大のポイントです。これが、不思議な「体感」を引き起こすのです。**絶対に、口に出してつぶやいてくださいね。**

違和感は、「本当の自分」と通じ合った証拠

ほかにも、これからお伝えする呪文《じゅもん》を、実際に「口に出して」唱えてみてください。

しかも、**ため息をつきながら、できるだけつまらなそうに言う**ところがポイントです。

「あーあ、どうせ、私は素晴らしいよ」

「あーあ、どうせ、私は認められているし」
「あーあ、どうせ、愛されているわよ」
「あーあ、どうせ、幸せになるし」
「あーあ、どうせ、みんなのアイドルだし」
「あーあ、どうせ、うまくいくし」
「あーあ、どうせ、私がいないと楽しくないんでしょ」
「あーあ、どうせ、また上司に頼られているし」
「あーあ、どうせ、私はお姫様だし」

いかがですか。ヘンな呪文でしょ。「口に出す」ことで、違和感を体感していただきたいですね。

口に出して「ざわっとした」「抵抗を感じた」「何かが込み上げてきた」とき、それは完全に「アタリ」です。「すねている自分」が抵抗している瞬間なのです。

逆に、楽しくなったり、体が熱くなったり、妙な笑いが出てしまうときは、その言葉が「本当の自分」と通じ合った瞬間です。

本当の「素晴らしい自分」が「やっと、見つけてもらった」と喜んでいるのです。

今まで押し込めてきた、素晴らしい自分を発見した瞬間なのです。なかにはうれしくて涙が出る人も多いようです。

僕の主宰する「心屋塾」でも、塾生によくこれをやっていただきますが、あまりにも現実の自分と違いすぎて、「体が」勝手に笑い出したりする人が多いです。もしくは、あまりにも自分のセルフイメージとのギャップがありすぎで、口にさえ出せない人もいます。

ポイントは、先ほどの質問で作っていただいた、

「どうせ私は○○だ」
「どうせ私は○○だと思われている」

これを「真逆」にひっくり返すことです。もう、ありえないぐらいにひっくり返してください。ありえないぐらい、というのは「**今まで考えたこともないぐらい**」ということです。

「どうせ、みんなに好かれまくっているし」
「どうせ、お金がザクザク入ってくるし」
「どうせ、才能にあふれまくっているし」
「どうせ、魅力があふれすぎて眩《まぶ》しいし」

なんていうふうに、ありえないほどに、笑ってしまうぐらい、真逆にひっくり返してほしいのです。真逆でないと効果が出ませんからね。中途半端だと、すぐに戻ってしまいます。

でも、セミナーなどで実際にやってもらっても、なかなか「真逆」にならない人もいます。それは、本当に真逆すぎてその人にとっては、「想像もつかない」ことだったりするからでしょう。それを「こんなふうにしたらどう」と裏返してあげると、さっきまで暗い顔をして悩んでいたのが、もう、びっくりして笑い始める人が続出です。

自分をネガティブに「偏っていた」位置から、真逆の「スーパーバカポジティブ」の世界へとあえて偏らせて持っていくことで、セルフイメージのばねをパキッと壊してしまうのです。

丸められていたポスターをいくら伸ばしても元に戻ろうとしますが、元に戻らないようにするには、真逆にくるくる巻いてしまうのが一番早いですよね、あの原理です。笑えるぐらいスーパーバカポジティブなセルフイメージを、何度も唱えてみるのです。するとどんどんテンションが上がってきます。

さらに、不思議な現象が現れます。それが「**そういえば**」という出来事です。

「そういえば、あの集まりではすごく受け入れられた」
「そういえば、けっこうできている」
「そういえば、この間も褒めてもらった」

こんなふうに、今までの自分が「見ないようにしてきた」「気づかないようにしてきた」ものが「あった」ことに気づき始めるのです。

しかも、それは目に見える「物的証拠」だったりします。

つまり、ただ、自分が「受け取っていなかった」だけなのです。

体験談 その❷ 友人と仲良くなれた

講演会で魔法の呪文を唱えたときはなんだか慣れなくてくすぐったくて気持ちが悪いと思いました。が、講演会直後に携帯にメールが……。それがずっと仲良くなりたくて、でもどう接していいかがわからず距離があいてしまってた友人からの久々のメールでした。

「まさか魔法の呪文が……」とビックリ!! それを機に2人でランチに行くことになり仲良くなることができました。この魔法の呪文「心屋マジック」に講演会の帰り道、思わず笑みがこぼれました♪

今でも毎日、いい日も落ち込んだ日も一人でブツブツと唱えています（笑）。

そして「疑う」ということ、自分の思いを疑うようになりました。すぐにとはいかないかもしれないけど、あの講演会以来、「少しずつ変われるんじゃないか……」そう思います。心屋さん、素敵な呪文とお話をありがとうございました!!

ベジガールさん

体験談 その③ 自分を認められるようになった

Beトレ（※）に参加させていただき、さっそく魔法の言葉を使い始めました。というのも、私自身、ここ数年で家族を含め生活環境に大きな変化があり、悩みの絶えない時期が続いていました。さらに、今年に入ってからは、女手ひとつで一家を支えなくてはならなくなり、急激な変化と重圧に押しつぶされそうだったのです。

毎日朝から寝るまで「どうせ私はたくさんの仕事をあっという間にこなせるし」「家庭と仕事の両立もできて、私一人で家族を養えるし」「何不自由なく子どもを育てることができるし」「できるもん！」。それでも、時々忘れてしまって、できない自分に戻ってしまうこともあって……。

そこで、紙に書いて、デスク脇、クローゼット、トイレ等あらゆるところに魔法の言葉を貼《は》りました。ただただ、ずっと仁さんの言葉を信じ、唱えていました。

そうしたら、いろいろな過去の事柄が思い出されてきました。

学校で成績が良くて褒められた自分、会社の先輩に可愛がられていた自分、い

その方は、ほぼ毎日、通勤する車の中で、その言葉を言ってくださったそうです。そして、1か月後。こんなことを言ってくれました。

「私、14歳くらいのころからずっと整形願望があったんです」

「え!? どこを直したかったんですか?」

「いや、どこを直したいとかじゃなくて。ただ、自分じゃない誰かになりたかったから……」

その方、どこを直すんだというくらいの美人さんなんです。でも、「自分がイヤ」という感覚を強く強く持っておられました。それが……

「それでね、この言葉をずーっと言ってて、ふっと気づいたら、この整形願望がなくなったんです!! ずーっとあったのに、何か消えてて……」

この方にとっては、奇跡です。最初は、〝幸せになれるし〟なんて、ぜんぜんしっくりこない、私の人生の中になかった言葉だと言っておられましたが、毎日つぶやくにつれて、落ち込んだり、自信がなくなったときほど、この言葉を言いたくなったと話してくれました。

美世さん

体験談 その5 給料が増えた!?

私は一番気になっていた「どうせ私お金ないしっっ!!」ということを魔法の呪文にしてみました。

「使っても使っても減らないし」「使えば使うほど入ってくるのよね」などなど……ちょうど帰りに待ち合わせた夫にさっそく話し、車の中でさんざん言いましたよ。でも、心からなかなかそうは思えなくって、なんだか違和感ありましたけど(笑)。

2日後、夫の給料日でした。私は、今年3月まで働いていましたので、4月にはまだ私のお給料が入ってきていましたが、5月は夫の給料しか収入がありません。なんとなく不安で、今月はお財布や通帳やレシートと頻繁ににらめっこ。うーん。というわけで、「お金」に関しての魔法の呪文を一番に口にしたのでした。

夫が帰宅して、いつも通り給与明細書を受け取り、「お疲れ様でした」と言いながら明細書を見ると……予想金額よりなんか多い……? よくよく見ると、私

奇跡が起きた！　あまりにうれしくて、ちょっと涙目です。あまりにスゴすぎて、報告でした。

裕子さん

体験談 その7 旅行券が当たった!?

去年、次の夏は沖縄に連れてってやるぞー！　と子どもたちに豪語したものの、今年は家計的にもキツそう、やっぱ無理そう……。旅行好きな私……涙目。

でも言うだけならタダだもんね！　電車の中で、教えてもらった魔法の呪文を頭の中でひたすらリピート！　しかも1個じゃないのが私らしいとこ（笑）。

アレとコレとソレと。うん、リピートすればするほどウキウキする！　だから、パッと思いついたモノを頭の中で唱え続けた。ワクワク想像しながら♪

そして、帰宅後。いつものクセでポストチェック。中に差出人に心当たりのな

い宅配便の不在票が？（謎）
再配達を依頼し、送られて来たのは、な、な、なーんと！　○万円分の旅行券!!（前に軽い気持ちで応募してた）このタイミングで当たるなんて凄《すご》すぎるー!!
ぢんさん、魔法の呪文を教えてくれてありがとう！　コレで心置きなく子どもたちと旅行に行って来ます（笑）。

Kaorin さん

体験談 その❽ お客さんが戻ってきた!!

例のアレ、夫も試したのです。夜、1回だけつぶやいたのに翌日の夕方には、奇跡がっっっ。
一度、他の営業マンにわたった仕事がお客さんの都合で訪問日が変わったため、夫の出勤日に。「どうせ、オレのところに戻ってくるんだよ」とつぶやいたのが本当に戻ってきました。夫は鼻の穴を膨らませ、コーフン気味に語っていました。このあとですが、残念ながら契約成立とはなりませんでした。ですが、お客さんが戻ってきたことは事実で、「どうせ」の呪文は効果アリです。

ぢりちゃん

体験談 その9 暴れる子がいい子になった!?

どうせの魔法を姉に教えたら、私より姉がハマってしまいました。今ぢんさんの本を、むさぼるように読んでいます（笑）。

姉は児童館の職員をしているのですが、毎日のように暴れる男の子がいました。自分の思い通りにならないとまわりの子にモノを投げたり、大声で怒鳴ったり……だからいつも仲間に入れてもらえなくて一人ぼっちだったそうです。

だけど優しく声をかけても暴言を吐いて（「うるせぇ、ばばあ!」とか……）

ちっとも言うことをきいてくれないので、児童館長も職員もほとほと手を焼いていたそうです。以下、姉が私に話してくれたことです。

「ぢんさんの魔法を使って『どうせ○○くんは素直やし！　みんなと仲良く遊んでくれるし！　ホントいい子で困るわ〜！』って運転していったら目ぇ疑ったの！　その子が、他の子と仲良く遊んでるの！『今日○○くん、何かいいことあったんかな？』って他の先生もびっくりしててさ！　んでね、それから毎日魔法の言葉を使って運転していったの！　そしたらさ、今週ずっとその子、いい子でいてくれたんやって！　すごいと思わん？」

はい、思います。

ほかにも、小さいことですがいろいろ変化がありました。でも今までは、たぶんその小さな変化が起きても見過ごしたりして、信じていなかったんですよね。

朱美さん

体験談 その⑩ 新規のお客さんが来られた！

今日は昼から友人が来るだけで施術の予約が入ってなかったのですが、通勤のときに魔法の言葉を唱えながら自転車をこいできました。

「どうせまた予約入るで」

「どうせ向こうからやってくるねんで」

「どうせまた誰かが助けてくれるねんで」

そしたら整体院について40分後に新規の方が来られて予約をいただきました。

2階なんで新規の方は来にくいのに。

知り合いの方にウチのことを聞いてきたとゆーてました。魔法の言葉を実感しました。ありがとうございます。

修弥さん

体験談 その⑪ なんと、体重が減った！

1年くらい前から、体重が増えて増えて、普段より5キロくらい太ってました。食事を減らしたり、体を動かしたりしても、ぜんぜん落ちなかった体重が魔法の呪文を唱え続けるだけで、なんと3キロも落ちました！

驚くのは、まったく食事制限をしてなかったこと。むしろ、普段よりもたくさん食べて、飲んで、そんな生活をしてたのに、どんどん体重が落ちていきました！　この間たったの3週間！　「どうせ食べても体重減るし」をひたすら唱え続けただけです。

スゴすぎです、魔法の呪文！　実はまだ体重は減ってます。

ひでやん

さあ、あなたも早く「できない自分」をもっともっと疑ってみてください。そうやって疑えば疑うほど、新しい「素晴らしいどうせ」に対する「素晴らしいやっぱり」が集まってくるのです。

あ、そうそう、「『どうせ』の魔法」ですが、信じなくていいんですよ。信じなくていいというのはどういうことかというと、「疑ったままでいい」ということです。つまり、納得しようとしなくていい、思い込もうとしなくていいということです。

真面目な方ほど、ちゃんとやろうとして、「自分は素晴らしいんだ」と思い込もうとします。はい、それはいっさい必要ありません、まったく何も考えずにやってください。

何も考えずにやることを、僕は「勘違いプレイ」と呼んでいます。そう、プレイでいいのです。ゲームでいいのです。目的は「今までと真逆の物的証拠を集めること」ですから。

「どうせの魔法」を使っていると、信じていなくても「新しい『やっぱり』」が集まってくるのです。そして、それらがどんどん集まり始めたら、信じたくなくても、自分は実は素晴らしいんだ、と思い始めてしまうのです。気づいてしまうんです。

すると、無理やり信じようとすることよりも何倍も素晴らしいセルフイメージが

「あった」ことに気づくのです。

自分は愛されている「らしい、へー」「かな？」「かも」と思ってみる

自分が支配されているマイナスのセルフイメージは、呪《のろ》いのようなものです。呪いというと恐ろしげですが、実はこれ、簡単に解くことができます。

反対のことを「思えばいい」「思ってみる」のです。

こんなふうに最後に「らしい、へー」をつけてつぶやいてみてください。

私は、愛されている**らしい、へー**

私は、ここにいてもいい**らしい、へー**

私は、認められている**らしい、へー**

私は、けっこうできる**らしい、へー**

こうすることで、今まで「自分は愛されていない」と信じ切っていた心が、ちょっとほどけます。へえええ……信じられないけどね、まぁ一応もらっておこうか、というレベルですが。

この呪文を唱えていると、「そうだよ」という出来事が少しずつ集まってきます。

「そうだよ、愛してるよ」

「そうだよ、ここにいていいよ」

「そうだよ、認めてるよ」

という「出来事」「物的証拠」がね。

さらに続けます。次のステップです。

私は、愛されてるの、**かな?**

私は、ここにいてもいいの、**かな?**

私は、認められてるの、**かな?**

私は、けっこうできるの、**かな?**

これは「らしい」よりも一歩進んだ状態。信じるほうに傾いた状態ですね。
すると「愛されている証拠」はさらに集まります。「かな」と聞くと、「うん」「そうだよ」という答えが返ってくるのです。

最後のステップです。

私は、愛されてるの、**かも**
私は、ここにいてもいいの、**かも**
私は、認められてるの、**かも**
私は、けっこうできるの、**かも**

はい、ここでだいぶ信じようという気になってきましたね。
さらに証拠は加速します。「そうだよ」「何言ってんの、当たり前じゃないか」という証拠が集まってきます。「物的証拠」が集まってくると、「自分はこれでいいのかも」「自分は愛されているのかも」と、「考え」が変わってきます。

その「考え」がさらに「現実」を作り出していきます。このようにして「考え方」というものは変わっていくのです。

そして、それはやがて、「愛されていいのだ」「ここにいていいのだ」「認められていいのだ」「仕事ができていいのだ」という「許可」に変わるのです。

いかがでしょうか。こうやって「**もしかしたら自分は、実は素晴らしくて、愛されているのだ**」と、疑ってみてくださいね。

今までの自分が、自分のことを間違って愛されないと思い込んでいたんだという、人生最大の誤解が解けるときがきっとやってきますよ。

「今のままじゃダメだ」という思い込みを、ちょっと疑ってみませんか。そして、「もしかしたら、今のままでいいのかもしれない」

「こんな自分でもいいのかもしれない」

一度、自分をそのように疑ってみませんか。

そうやって疑ってみたところでなんの損もしないのですから。

もしそう思えたら文句なくハッピーになれそうに思えませんか。

そしてもし、ついうっかり「今のままでいいんだ」という考えを受け入れることができたら、今日からは「不安のラットレース」ではなく、「安心の世界のループ」が始まるのです。

そして、最後にもう一度言ってみてほしいのです。


「どうせ私、愛されてるし」

「どうせ私、素晴らしいし」

自分にかけた呪いを解く「ちゃうちゃう」

「呪い」を簡単に解く魔法の呪文をもうひとつ紹介しましょう。

実はこれ、既出の「自動反応を手動反応に変える」方法としてもとても有効です。

この方法で「おかしな反応をするバグ」を取り去ってしまいましょう。

悪いセルフイメージを持っていると、「どうせ、私なんて」と信じていることは、「やっぱり、私は」という証拠を引き寄せて、大きな大きな雪ダルマとなってしまう

ない「状況証拠」、つまり「はず」でしかなかったことに気がつきます。その「はず」を、「絶対に」のレベルまで自分が固めてしまっていたのです。

そんなネガティブな感じ方をしている自分を軽く否定するだけでも、実は愛されているのだ、と思い始めてしまうのです。

「くれない族」になっていませんか

他人から見ればたくさん「ある」のに、本人はそこに気づかない。「ある」と気づいていても、「やがて失う」と信じてしまっている。

そして、怖くなってまわりの人に「くれくれ」と追いすがったり、「くれない」と怒ったりするから、人は離れていきます。

すると、誰もわかって「くれない」が始まります。

僕はこうした人たちのことを「くれない族」と言っています。

自分のことを思いやって　**くれない**
仕事を早く仕上げて　**くれない**
記念日を覚えていて　**くれない**
メールの返事を早く返して　**くれない**

このように、くれない族の人は「○○してくれない」というところばかりに意識が向いているので、少しでも「くれない」人がいると、心がざわざわして苦しくなります。なぜなら、「愛情をもらえなかった」と反応してしまうからです。さらには、もらってももらっても満足できない、地獄思考から抜け出せないのです。


ここで、強く認識してほしいことがあります。

それは、**まだ信じられないかもしれないけど、自分はちゃんと愛されているし、認められているし、好かれている**ということです。

だから、「もっと認めてほしい」「もっと大事にしてほしい」「もっと愛してほしい」なんて思わなくていいんです。

いっぱい自分の中には「ある」。
愛も能力も、価値も魅力も、実はたくさんあるんです。気づいていないだけで。
だから、バカにされてもいないし、否定されているわけでもない。
もう、求めなくていいんです。
いっぱい「ある」から、たくさんの人を認めまくって、愛しまくっていいんです。
そのためにも、また自分のことを疑ってほしいのです。
「本当に、自分には『ない』んだろうか」「本当に、もらって『ない』んだろうか」
「本当に、自分は愛されて『ない』んだろうか」とね。

それを「やらなきゃ」どんなことになるんだろう

「いいひと」をやっている人の口癖は「やらなきゃ」です。
時間を守らなきゃ、挨拶《あいさつ》をきちんとしなきゃ、他人に迷惑をかけないようにしなきゃ。とにかく守らないといけない「べき」が多すぎて気が休まる暇がありません。

ここで考えてみると面白いのが、それを「やらなきゃ」どんな恐ろしい現実がやってくると思っているんだろう、ということです。


時間を守らないと、誰に怒られる？

挨拶をしないと、どんな恐ろしいことになる？

迷惑をかけると、どんな目に遭う？


すると、「早く起きないと、学校に遅れる」「学校に遅れると、先生から目をつけられる」「目をつけられると、学校生活が楽しくなくなる」「楽しくなくなると、学校に行かなくなったり、ぐれたりする」「すると、家のなかがすさんでくる」「ダメな母親だと思われる」「夫の母親から責められる」「自分の親からも〝子育てもろくにできないのか〟と責められる」といったように、現実に起こる確率の低いことが、「きっとやってくる」と怯《おび》えて生きている人が多いです。

実はこれ、頭の中にお父さんやお母さんが住んでいて、耳もとでささやいていていることが多いのです。

この思い込みを外すためには、まず、「○○しなきゃ恐ろしい目に遭う」という恐怖に対して、**「それ、本当?」**と、問いかけてみてください。

そして、先ほど紹介した呪文、「ちゃうちゃう」とつぶやいてみてほしいのです。

「○○しなきゃ怒られる」→「それ、本当?」→「ちゃうちゃう」

というふうに、それは自分だけの思い込みだ、と軽く否定してみてください。

考えるのをやめたくても、つい考えてしまう。これはなかなか止められないものです。それは、これまで「べき」に反して恐ろしい目に数多く遭ってきた経験があるから。自分の記憶の中に「恐ろしい何か」がいっぱい埋まっているからです。その〝呪い〟は、〝親の呪い〟なのです。

過去に起こったことが未来にも起こるとは限りません。

過去に起こったことはたしかに起こった。でも、それ「だけ」が真実ではないのです。

「恐れ」や「不安」というものは、過去を引きずっているだけのことです。

今、同じ環境にあっても、過去にイヤな体験をした人は未来を恐れ、過去にイヤな体験をしていない人は、未来を楽しみにします。

つまり、**過去を引きずりながら生きている人は、「過去＝未来」になっている**のです。

しかし、過去を断ち切って生きている人が未来を怖がらずになんでもないようにやってしまえることからも、「不安は、不安でしかない」ことがわかります。

このことに気づいた時点から、僕は「経験から学ぶ」ことをやめました。

過去に、これをやって失敗したから、きっとまた失敗する。

この考え方になっているときは、「過去＝未来」になっています。

でも、過去にうまくいかなかったから、未来もうまくいかない。そんなはずないですよね。

「恐怖」に怯えてやっていることが、一番自分を粗末に扱っている瞬間です。そう、「やりたくないことを続けている」ことです。

自分にとって「本当はやりたくないこと」はなんでしょう。

「本当はやめたいこと」はなんでしょう。

それをやめると大変なことになると勝手に怯え続けてしまっている。その時間のことを「我慢の時間」と言います。

その我慢の時間が、自分らしさを一番殺す時間なのです。自分らしさを抑えて、自分らしくないことをやっている時間ほど自分を粗末に扱っている時間はありません。

自分が、本当はやりたくない、やめたいのにやっていること、それを勇気を出してやめることが、自分を大切にすることなのです。

自分が、本当はやりたくないのにやっていることはなんでしょう。

それを、一刻も早くやめてみてください。

「正義の椅子」を奪い合わない

厄介なことに、守らないといけない「べき」が多い人は、「自分は正しいことをしている」とき、相手は「間違っている」としたら、「私は相手を裁く権利を得た」と考えることがあります。

「間違っているんだから、罰を受けて当然」「間違っているんだから、謝りなさい」と。女王様みたいですね。

これは僕の考えなのですが、「正義の椅子《いす》」というものがあります。別名「被害者の椅子」とも言います。

人の数だけ椅子があるんですが、この「正義の椅子」だけは、数が少ない。

ある人がこの「正義の椅子」に座ると、それ以外の椅子は「悪の椅子」になります。

また、ある人が「被害者の椅子」に座ったときは、それ以外の椅子は全部、「加害者の椅子」になります。

自分がいち早くその「正義（被害者）の椅子」に座ったら、まわりの人を裁くことができると勘違いしてしまいます。

そして、その椅子の奪い合いが始まります。その椅子に座ると、他人を責める権利と、自分がよくしてもらえる権利が手に入るからです。

たとえば、ある集まりがあって、集合場所の変更など、みんなに連絡しないといけないことがあったとします。そのとき、「たまたま」ある人だけに、ミスがあって連絡がいかなかった。そのことで、その連絡をもらえなかった人が騒ぎ出します。

「私だけ連絡もらってないわ。みんなで仲間外れにしたんでしょ。わざとでしょ、いいえ、きっとそうに決まってるわ。なにさ、バカにして。だいたい、以前にも……」

と、騒ぎ立てます。

いくら、ただのミスだと言っても聞きません。そして最終的には、断固としてミスを糾弾し、誰かが謝罪しないかぎり収まりがつかない事態にまで発展することもあります。

この場合、連絡をもらえなかった人が「被害者」として「正義の椅子」に座ってしまった。もちろん、連絡がいかなかったことでその人は不利益を被《こうむ》ったでしょうし、イヤな思いもしたと思いますが、その人以外がみんな「加害者」にさせられてしまったわけです。

この「正義の椅子」に座った人は、まわりの「加害者」に、謝罪させる権利、つまり利益還元（埋め合わせなどの特別待遇）の権利を得たと勘違いしてしまいます。

そして、こういう人は、いつもいつもこういう事態に巻き込まれていくのです。だから、また毎日イライラし続ける……。パワハラやセクハラによくあうのです。

さらに次は、謝罪させられたほうが、「ちょっとしたミスなのに、私はひどい被害を受けた」と怒り出し、終わりのない戦いに発展していくのです。

このように自分が「正しい」と思ったときは、「他の人**も**正しいの**かも**」と考えてみてください。

自分が被害を受けたからといって、他人を裁く権利があるわけではないということです。

自分がミスをしたときにいつも他人を許している人は、自分のミスも許してもらえますが、他人を許せない人は、他人から徹底的に糾明されたりします。

そして、また攻撃されたと心をねじ曲げていくことになるのです。

「してはいけない」を「してもいい」と言えると、癒える

日々の営みのなかでは、当然のようにイヤな思いをし、つらいこと、悲しいこと、苦しいことにぶつかります。先ほどの、やりたくないことをやっている時間が多いほど、こうしたことにぶち当たります。

そのような経験を重ねるうち、多くの人が「もう、イヤな思いはしたくない」「もう、つらい思いはしたくない」などと、「守り」に入ります。

「自分の思ったことを口にするのは、ダメだ」

「親の言ったとおりにするのが、正しい」

こんなふうに、あらゆることに「○」や「×」をつけて、本当の気持ちを封印します。そして、**「自分らしく生きていく」ために必要な自分の気持ちにまで「×」をつけて、ブレーキをかけるようになります。**

「いいひと」をやっている人は、この「してはいけない」という「禁止」をたくさん持っています。

「禁止」というのは、別の表現を使うと「**タブー**」です。「絶対ダメ」というもの。

これは、「そんなことをしたら大変なことになる」という「恐れ」です。

心は多くのことを禁止されると、ますます萎縮《いしゅく》して、固くなってしまいます。これは肩こりならぬ、「心こり」ですね。

この心を強く押さえつけていた、効きすぎたタブーを終わらせるには、「禁止」を「いい」に変えること、口に出すことで「許可」に変えればいいのです。すると心は「緩む」のです。

「してはいけない」と「×」をつけていたことに、「してもいい」と「○」をつける。

「あれも、○。これも、○。全部、○」と、自分の行動を制限してしまう強迫観念をいったんゼロにしちゃうんです。

そうやって心を緩めていくだけで、恐れも不安もイライラも減っていきます。

「そんなことを許したら大変なことになる」と、多くの人が言います。

その気持ちもわかります。でも、「してはいけない」と思って今までがんばってき

そんな「不自由」から一度飛び出してみるのです。それが「本当の意味での自立」です。

新しい世界を体験すれば、人の価値観なんて簡単に変わります。だから時には、「無理やりにでもやってみる」というのも必要なことなのかもしれませんね。本当に「やっても大丈夫」なのだから。

もっといいのは「**してもいいよ**」「**しなくてもいいよ**」と軽く考えることです。人は認められると、安心して、ホッとして、うれしくなります。それを自分にしてあげるのです。

私は、無理に人とコミュニケーションしなくてもいい。
私は、人間関係がヘタクソでもいい。
私は、人と仲良くできなくて孤独でもいい。

「そうなってもいい」と、許可することで、「そうなってもいいし、ならなくてもい

い」と、**自分で選ぶことができるようになる**のです。

こうすると、自己否定の呪縛、「べき」の呪いから解放されます。

そうしておいてから、自分にとって好ましいほうを選べばいいのです。

そうすることで、世界は自由で、優しくて、楽しいのだということを体感していただけるはずです。

この「自由」を体感することが、本当の自分を肯定することにつながっていくのです。

「一番なりたくない」自分になってしまう

「あの人のようなことは絶対にしたくない」

「あの人みたいになりたくない」

僕のセミナーやカウンセリングにいらしてくださる方の中には、こんな悩みを持っている方もいます。

真面目だから、「その人」のようにならないために、全力でがんばることに力を注いでしまい、自分の本来のよさをなくしてしまっています。

こんなとき僕は、「**あんな人にはなりたくない（あんなことはしたくない）という人のことを挙げてみてください**」とお伝えしています。

・自分の意見を押しつける人
・怒鳴る人
・自己中な人
・攻撃的な人
・うるさい人
・愚痴を言う人
・不倫をする人
・ズルい人
・逃げる人
・何もできない人
・遅刻する人

これは「実名」を書くともっと効果が出ます。「○○さん」のようにね。

その究極が「親のようになりたくない」「親のような生き方はしたくない」「親のような結婚だけはイヤだ」というものです。

そして、これを次のような文章に変えて、声に出してつぶやいてみます。

「私は、人に自分の意見を押しつける人になってもいい」

「私は、遅刻する人になってもいい」

名前を入れるなら、

「私は、○○さん（仕事もせずに威張っているだけの上司）のようになってもいい」

といった具合です。

真面目な人でしたら、こうやって口に出しただけでも気持ち悪いでしょうね。

でも、気に障る人を見かけるたびにこれをやっていると、不思議なことにその人のことが気にならなくなってきます。

うまくできるようになったら、その人のイメージを手のひらに乗せて、自分の中に戻すしぐさを加えてみましょう。

「過去に嫌って追い出した自分」が、目の前の人なのです。

だから、本当の自分の一部に「捨ててごめんね」と言いながら、自分の空いているはずの穴に戻してあげてください。すると、もっと気にならなくなります。

続いて、「あんな人になりたいな」という人を挙げてみてください。たとえば、

・社交的で誰とでも話せる明るい人
・誰からも好かれる人気者
・仕事ができる人

とかですね。

「　　　　　　　　　」な人

これも「実名」を書くともっと効果が出ます。「○○さん」みたいにね。

それを次のような文章に変えて、つぶやいてみます。はい、自分の心をほぐすため

のおまじないです。

「私は　○○○○　みたいな人になってもいい」
「私は　○○○○　さんみたいな人になってもいい」

・私は、社交的で誰とでも話せる人　になってもいい
・私は、誰からも好かれる人気者　になってもいい
・私は、仕事ができる人　になってもいい

ほかにも、
・優しい人　になってもいい
・人気者　になってもいい
・話が面白い人　になってもいい
・スタイルがいい人　になってもいい
・頼られる人　になってもいい

迷惑をかけて
お礼も言わないで
生きることなのです。

つまり、いいひとを「やめる」んじゃなく、悪いやつに「なる」。それだけです。
みんなその覚悟ができないから、それをするとダメになると勘違いしているから「いいひと」をやめられないのです。そして自分を封じ込めるのです。

そう、いいひとをやめる、悪いやつになるって、自分が嫌っている、自分が嫌ってきた「あんなやつ」と同じことをすること。
それが「いいひとをやめる」なのです。
それをする「覚悟」をしたとき、自分の中の「悪いやつ」「ダメなやつ」「礼儀知らず」を認めたとき、「いいひと」ではない「わたし」に戻るのです。

レッツ　悪いやつ。

それでも嫌われたくないのなら、ずっといいひとでいてもいいのです。ただし、今まで通り「**どうでもいいひと**」になってしまいますけどね。

自分が「悪いやつ」で生きることを決めたとき、「いいひと」ではなく、「いいやつ」「素敵なやつ」としてみんなが受け入れてくれるのです。

イヤなあいつを「師匠」と呼んでみる

カウンセリングをしていくと、クライアントが「禁止」し、「否定」し、「抑圧」していることを、クライアントの同居人や恋人がしていて問題になっている場合が多いです。

で、たいてい僕から出される課題・宿題が、

「**旦那《だんな》さんのようにしてみましょう**」

「**お母さんのようにしてみましょう**」

「**お父さんのようになりましょう**」

というオチになりますし、「ていうか、そうなってるし」というオチにもなります。

そして、それを勇気を出してやってみた人には漏れなく奇跡が舞い込むのです。

そう、今何かで悩んでいるとしたら、**「答えは自分の中にある」**というのは聞いたことがあると思いますが、もうひと言付け加えてみましょう。


「答えは、身内に、ある」


身内というのは、パートナー、家族、上司、部下、友だち……などですね。一番の「教師」「メンター」はどうやら、身内みたいです。

その人たちは、実は自分の問題を解決するのに、とても大切なことを言っているのです。


自分のメンター、師匠ってどんな人でしょうか。

僕は、つい最近まで師匠やメンターって、自分が目指したいことをすでにやっている人や人間的に尊敬できる人、実績を残している人だと思っていました。

でも、最近わかってきました。

メンターって、師匠って、そんなものだけじゃないと。

師匠は、できる人
師匠は、素晴らしい人
師匠は、すごい人
師匠は、尊敬できる人

だけでなく、自分という人間をさらに知って、自分という人間の器と可能性を広げていくには、

自分の苦手な人
自分の嫌いな人
自分が許せない人

これを師匠とすることが一番じゃないかと思うようになりました。

もちろん、「すごい人」はそのままでいいのですが、それは、「自分の価値観に合う人」だと思うのです。

でも、それじゃ、自分の狭い価値観の中から飛び出せない。

苦手な人

嫌いな人
許せない人
というのは、自分の価値観の外にいる人。つまり、**自分の価値観と可能性を広げてくれる人**です。

自分では知らなかった世界に連れていってくれる人なのです。

居心地のいい、安心できる「いつもの場所」に居続けるのか、苦手で、苦しくて、つらい、そんな世界に飛び込んで新たな世界を切り開いていくのか、それは自由です。

結婚も同じです。自分と同じ価値観、同じ感動、同じ笑いのツボ、同じ趣味、そんな人と結婚するのも、もちろんいい。でも、まったく逆の価値観、まったく違った趣味、笑い、感動のポイントの人と一緒にいることで、捨ててきた自分、あきらめてきた自分、知らなかった自分との「統合」が始まる。そんなことを感じます。

少なくとも、うちの奥さんは僕とはまったく価値観が違うから日々、驚きです。いちいち、感動です。おかげで世界が「2倍」に広がりました。そして、そのことを知っただけでも、また価値観が変わりました。

自分にとって自分の価値観に合わない

苦手な人
嫌いな人
許せない人
その人を師匠と拝んでみませんか。

勇気を出した人のことを、神様はきっと困らせない

「今までしてきたこと」が、「今の自分」を作っています。それらが、「いい」「悪い」ではなく、そのクセを続けてきたことで、もし、今の状態が望ましくない結果になっているなら、変える必要があります。

これまでと同じことを繰り返していては、当たり前のことですが、これまでと同じ結果しか手にできません。

ですから、自分が遭遇するさまざまな場面であえて、「**これまでとは違うことを試**

この章のまとめ

▶「自分は愛されていない」は、過去の体験が作り出した「ただの勘違い」。

▶悪い感情が湧いたときは、「自分が信じているものを疑う」。

▶セルフイメージは、「上げる」より「ひっくり返す」ほうがいい。

▶自分は、自分が思っているより、ひどい人。そして、自分が思っているよりも素晴らしい人。

▶不満を溜め込むと、自然と「まわりの人がネガティブになる」。

▶苦手な人、嫌いな人、許せない人は、自分の価値観と可能性を広げてくれる師匠。

▶勇気を出した人のことを、神様はきっと困らせない。

第３章

「ま、いっか」と思えるレッスン

ここまで、自分のことをもっと素晴らしいほうに疑おうという話をしてきました。それは別の表現をすれば、もっと自分の素晴らしさを受け取ろうということであり、他人からの評価や優しさといった愛情表現を素直に受け取りましょうということです。もう悪意をベースにした人間関係から抜け出して、もっとおめでたい人間関係に浸ってみましょうということです。

第2章では、具体的にやってみてほしいこと、口に出してつぶやいてみてほしいことなど、「テクニック」や「ノウハウ」をお話ししてきました。

僕は、人生は「考え方で決まる」と思っています。お話しした「ノウハウ」で考え方がくるっと裏返るに越したことはないのですが、それでもやっぱり長年堆積《たいせき》されたものはなかなか変わらないこともあります。

自分の考え方を、自分の「うまくいかない考え方」を変えていくには、「新しい考え方」を聞くことがひとつの方法となります。

この章では、「具体的な方法」というよりも「こんなふうに考えてみれば」という、新しい価値観をいくつかお話しします。その中で、気に入ったもの、びっくりしたものの、試してみようと思うものなど、自分の心に響くものがあればいいな、と思います。

「今」を肯定する思考グセをつける

「この方はもう大丈夫だな」

継続してカウンセリングを受けられるクライアントの方に接していて、そう思う瞬間があります。それは、クライアントが発する「ある言葉」でわかります。

その言葉が、「**ま、いっか**」。

これは、僕が日々のセッションをする中で、クライアントの「卒業」の目安とする言葉なんです。

「あきらめ」や「いいかげん」の言葉ではない、「ま、いっか」。執着がなくなり、その人にとって「問題が問題でなくなる」瞬間です。

何回かのセッションのあとで、

心屋「ところで、最初はどんなお悩みがあって、おいでになったのでしたっけ」

クライアント「○○で悩んでたんですけど……、もう、〝ま、いっか〟って感じになりました」

こんな言葉を聞くことができたら、「もう卒業も近いな」と思うのです。

「ま、いっか」は、自分の執着を手放す魔法の言葉です。

今、問題を抱えている人は、「ま、いっか」とは言えません。

問題が解決した人は、「ま、いっか」と言えます。

ということは、今現在、いろんなことで悩んでいる人が、先にこの言葉「ま、いっか」を口癖にしたら、どうなると思いますか。**問題が解決していない状況で、問題が解決したときに使う「ま、いっか」を口癖にすれば、「ま、いっか」の状態になれる**はずです。

腹が立ったとき、失敗してしまったとき、悪いことが起こったとき、うつむいて吐き出すように「ま、いいかあああぁぁぁ」と言ってもいいし、天に向かって伸びをするように「まー　いっかあああぁぁぁ」と大きく言い放ってもいい。

簡単には許してもらえないようなミスをしたときも、とんでもない大失敗をしてしまったときも、同じです。宇宙の果てに消え去ってしまいたいような恥ずかしさにも、これまで味わったことがないような深い悲しみにも、海よりも深い絶望にも、なかなか褒めてあげることができない自分にも、「ま、いっか」。

あらゆる出来事に「ま、いっか」を言ってみる。

1回で「ま、いっか」と思えないときは、2回3回と口に出して言ってみる。

そうすることで、とりあえずでいいから、**「現状を肯定する考えグセ」をつけるの**です。

すると不思議なことに、「私って案外幸せかも」っていう証拠が集まり始めます。


「どうしてもそうは思えないんですけど」と言う人は、なぜ、幸せとは思えないのか。そこを考えてみてください。

その奥には、「負けたくない」「認めたくない」「怒られたくない」「バカにされたくない」など、「損したくない」という思いがありませんか。

「ま、いっか」というのは、「損してもいっか」ということなのです。

損することを覚悟すると、いろんなものが手に入るのです。

そう、自分らしく生きていくことなのです。そうなると、うまくいかないはずがないし、心が満たされています。

でも、素直になるって、難しいですね。だから、まずは「自分は無条件に愛される存在なのだ」と「信じられなくても、信じてみる」ことから始めてみてほしいのです。

そうすると「そうだよ、何もしなくても愛されるよ」という証拠が集まってくるのです。

イヤな感情をじぃぃぃぃっと感じてみる

そうして自分の心の中が満たされてきたら、自然と「もう、いいひとのフリをしなくてもいいんだ」と思えるようになります。

本当は、悲しい。

本当は、寂しい。

本当は、怖い。
本当は、悔しい。
本当は、羨ましい。

そんな今まで避けてきた自分の「マイナスの感情」さえも、**ちゃんと感じられるようになる**、ということです。

「マイナスの感情」って、とてもイヤな感じがします。酸っぱかったり、苦かったり、切なかったり、みじめだったり、あの「感じたくない感じ」です。

でも、そのイヤな思い出や、今まで避けてきたイヤな気持ちを「味わってみる」のです。その思い出を、じいぃぃぃっと感じてみてください。これも、言葉にするといいですよ。

「ああ、悲しいなぁ」
「ああ、悔しいなぁ」

「ああ、恥ずかしいなぁ」

「ああ、寂しいなぁ」

「ああ、褒めてほしいなぁ」

「ああ、怖いなぁ」

「ああ、羨ましいなぁ」


と、口に出して、嫌がらない。じいぃぃいっと感じてみてください。

すると、不思議ですよ、イヤな出来事のときに抱いたイヤな感情がすうぅぅぅっと消えるときが来ます。

それまで十分に感じきってみてください。じいぃぃぃっと感じきってみると、ある瞬間「もういいか」「あ、終わった」と、**自分の心の中で「終わる」瞬間が来ます。**

感じきったあとは、スッキリして、目の前が晴れたように感じますよ。すると、自然と笑顔が出てきます。

それができるようになったら、今度は思いきって、それを「言えなかった相手に伝える」のです。

ホントは、ちゃんと見ていてほしかった。

ホントは、あれは、悔しかった。

ホントは、あんなことされて、寂しかった。


と、イヤな出来事のときに抱いたイヤな感情を伝えるのです。そうしないと、相手はずっと気づいてくれません。

でも、勇気を出して伝えてみると、「そうなんだ、気づかなかったよ、ごめんね」って言ってくれますよ。

まわりの人たちはずっと優しいんだって、気づけるはずです。


人は、イヤな感情を口にしたくないものです。でも、「わかってほしい」って思って、じっと我慢して、「察してほしい」と思う人も多いようです。

はい、僕がそうでした。だから、「どうしたの」って訊《き》かれても、「なんでもない」と大丈夫なフリをしていました。ああ、しんどかったなぁ。

わかってくれることを待っているんじゃなく、「ちゃんと伝える」こと。これも、

「自分に素直になる」ということです。

「実はあのとき、けっこう頭にきてたんだ。だって、なんだか見下されているような気がしたから」と、**ネガティブな気持ちになった理由**まで言ってみるのです。

「初めて会った日のことを覚えていてくれなくて、ホントは、すごく悲しかった。だって、自分が大切にされてないんだなあって感じてしまったから」

そして、「実は、小さなころに……こんなイヤな思いをしたことがあって、こういうとき、なにやら思い出してしまって怖くなるんです」ってね。

そうそう、大切なことは、それを「伝える」「気持ちを表現する」ことであって、それによって相手がどんな反応をするのかはわからないということです。

関係がよくなるかもしれないし、もしかしたら悪くなるかもしれません。

でも、**大切なのは、その「結果」ではなく、自分が気持ちを伝える、ということ**です。そこをヘンに「ちゃんと言ったのに」と結果に対して不満を感じたりするのは違うのです。

「いい言葉」を使って、気に入られようとしない

「愚痴」「悪口」「泣き言」「文句」といったネガティブな言葉を使わないように気をつけている人は多いと思います。

日本では昔から「言霊《ことだま》」というものが信じられてきました。言葉に宿っている不思議な霊力のことで、その力が働いて言葉通りのことが起きる、と。

だから、「うれしい」「ありがとう」「ついてる」と言おう。ポジティブな言葉を言おう。いい言葉を使うと、いい心の波動が出て、いい状態をもたらしてくれる、といろんな本に書いてあります。

たしかに、言葉自体はエネルギーですから、よくない言葉を使うより、いい言葉を使うほうがいいです。

でも、**これをやればやるほど苦しくなってくることもある**のです。

たとえば、ひどい目に遭ったときに「ありがとう」と言えば、「納得できない」という気持ちが湧き上がって当然ですよね。

それでも、「きっといいことがあるはずだから」といって、「ありがとう」と言い続ける人がいます。そして、「私は人の悪口など言いません」「愚痴はこぼしません」と、いいひとのフリをします。

これって、自分に対するウソですよね。

もしこのとき、この人のお腹の中を見てみたら、溜《た》まった悪口や愚痴で真っ黒なはずですし、口では「ありがとう」と言っていても、目は笑っていないはずです。

「悪い言葉」たちを、「言わないほうがいい」と思って我慢する。

あるいは、「うれしい」「感謝します」「ついてる」と無理に言い換える。

「悪いから」といって出さずにのみ込むと……どうなるか。**お腹の中に、「怒り」「悲しみ」のエネルギーが溜まってきます**。

溜め込んだエネルギーは、やがてあふれ出します。あふれ出して、まわりの人を汚染していきます。つまり、「**まわりの人がネガティブになる**」のです。

あるいは、心の容量を超えて、心も体も動かなくなります。

「喜」の感情や「楽」の感情までのみ込んでしまうので、自分のしたいこと、やりたいことがわからなくなってきます。

自分の「意見」「感じたこと」が話せなくなります。

これが「うつ」のような状態なのです。


これは僕自身、ネガティブな言葉や感情を溜め込んでいたから気づいたことです。

僕は、心理カウンセラーという職業を選んだので、「いつも笑顔で」「優しく」ということを心がけてきました。

でも、それはウソでした。腹の中には、ちゃんと「怒り」「憎しみ」「嫉妬《しっと》」「悲しみ」といった感情がありました。それらをすべて笑顔で「隠していた」のです。

そして、僕が悪い感情を隠せば隠すほど、そのエネルギーを受け取った僕のまわりの人の悪い感情となって表れたんです。


我慢しきれないと思ったときは、思いきって愚痴や悪口を言ってください。

「思ったこと」「したいという気持ち」「腹が立ったこと」は、たとえ「ネガティブなもの」であっても**「ちゃんと吐き出す」「隠さない」「のみ込まない」**ということを心がけてほしいのです。

全部出すことによって、真っ黒な毒素を排出することができます。心のデトックスですね。

こうすればスッキリしますよ。時々でいいんです。

スッキリしたら、あらためていい言葉を使えばいいのです。悪い言葉を全部吐き出したあと、「**でも、おかげで、今があるよね**」と、「でも」と付け加えて「前向きな言葉」で訂正する。

そうやって、ちゃんと、口直しすればいいんです。

「そんな悪い言葉を使うと、よくないことが起きるのでは」

ここまで説明しても疑問に思う人がいます。

大丈夫です。思い出してみてください。悪い言葉を使ってなくても、悪いことやよくないことは起こっていたでしょ。騙《だま》されたと思ってやってみてくださいね。

「大丈夫」と言うのを封印する

あなたは「大丈夫」という言葉をどういうときに使っていますか。

「大丈夫」というのは、実はけっこう裏がある言葉ではないかと思います。大丈夫じゃないときにかぎって「大丈夫」と言っている人、多くないですか。

僕の経験でいえば、心配や不安はあるけれど、自分でなんとかしなければというときに使ってきました。

あるいは、放っておいてほしいときだったりします。そんなときによく、「大丈夫だから」「心配いらない」「平気だから」などと言っていた気がします。

だから今、カウンセラーとなった僕の耳には、「大丈夫」という言葉は「強がり」に聞こえるのです。

「大丈夫」というのは実は、「これ以上立ち入らないで。関係ないでしょ」という心に「壁」を作っているときに使う「**壁言葉**」です。

「秘密にしておきたい」「弱点を見せたくない」「本当のことは言いたくない」、つまり、自分の困っている部分や、情けない部分をさらしたくないときに、「大丈夫」という言葉を選んでいるように思えるのです。なかでも「大丈夫、大丈夫」って、繰り返すときは、ね。


成長するときに必要なのは「過去」です。

自分の過去の「できなかったこと」「苦しんだこと」「恥ずかしかったこと」「なかったことにしたいこと」「忘れ去りたいこと」、これらにきちんと「向かい合う」こと、そしてそれらを受け入れることが必要です。自分が成長するためには前だけを向いていてはいけないのです。

自分の過去を否定したい気持ちはわかります。でも、自分の過去を否定するというのは自分自身、つまりあなたそのものを否定することです。

過去というのはまぎれもなく、自分自身、自分の一部です。**過去があるのが「本当の自分」**なんです。

だから、きちんと過去と向かい合って初めて、前を向いてしっかりと歩いていくことができるのだと思います。過去は昔のことではなく、未来の扉なんですね。

なのに困っているとき、苦しくてしかたないとき、不安でいっぱいなとき、「大丈夫」という「壁言葉」を使うとどうなるのでしょう。

「大丈夫」と言って壁を作るのは、自分の過去の恥ずかしい体験、イヤな思い、つらさにフタをして逃げてしまうことを意味します。

それらにフタをしてしまうと、過去と向き合って成長することができません。目をそむけていたら、いつまでたっても本当の自分とは対面できません。

カウンセリングを受けて、劇的に成長していく人は、過去の自分を見つめ直す覚悟をした人です。本当に強い人は、自分の弱さを認めてさらけ出せる人なのです。

過去の自分を見つめ直すことで自分自身に大きな変化が起こります。だから事あるごとに「大丈夫」という言葉を安易に使って自分の過去にフタをするのはやめましょう。

「大丈夫」を封印して、しんどい思いや赤面するような体験も含めた自分の過去に向き合ってみませんか。

あなたのカツラ、みんなにバレてますよ

世の中の多くの人は、「本当の自分」を無意識に隠して生きています。

たとえば、本当は怒りっぽいのに寛大そうに見せていたり、本当は優しいのに子どもや部下のことを思って厳しいフリをしたり、本当はみんなとハメを外したいのに真面目なフリをしたり……。イタイ人ですよね。

なぜ、本当の自分を隠すのでしょうか。その理由は「恥ずかしい」「嫌われると困る」「カッコ悪い」から、という世間の評判を気にしているからだと思います。

でも、こんなふうに本当の自分を隠して生きているのは仮面を被《かぶ》っているのと同じことですから、次第に息苦しくなってきます。

だから、僕はこんな人にいつも言うのです。

「**自分では一生懸命隠しているつもりかもしれませんが、バレてますよ**」

髪の毛が薄いことを気にしている方には申し訳ないのですが、僕はこの話をカツラ

によくたとえます。

最近のカツラはとてもよくできていますが、それでも「あっ、あの人ったらカツラを被っている」ってなんとなくわかってしまうときもあります。

でも、本人から言いだささないかぎり、周囲が「カツラなのですね」と指摘することはありませんし、見て見ぬフリをするのが普通です。

とはいうものの、どうしても頭に視線がいってしまうものです。そして、事情を知らない新入社員などには、

「あの人はカツラだけど、そのことには触れないように」

なんて申し送りをしてしまったり……。

結局、カツラだとバレていないと思っているのは、本人だけということは珍しくありません。

こんなとき、もしその人が、「私、実はカツラを被っているんだ」と言えば、まわりの人たちは「えっ、本当ですか！」「ぜんぜん気がつきませんでしたよ」と、初めて知ったようなフリをしますが、心の中では、

「これで、ようやくカツラの話ができる」

実は、こういったことを隠そうとすることが、他人とのあいだに壁を作り、他人を信用できなくなっていく原因のひとつになります。みずから高い城壁を築いて、必死に自分を守ってしまうのです。だから、

「実は私は○○だと知られたくない」

これを告白してみてください。すると心が開いて、すごく楽になります。楽は「たのしい」とも読みますよね。そう、自分を出せば、今までは想像ができなかったほど「楽しい」時間を過ごすことができるのです。

しかも、素のままでカッコ悪く、失敗しながら生きている人のほうが魅力的なものです。カッコ悪くてもカッコいいんです。

逆に、ダメだと思って必死に隠してきたところが、その人の一番の魅力だったりもするのです。

ただ「見留める」だけでいい

「どうして私の思っているように動いてくれないのだろう」と相手を否定するかぎり、人間関係はうまくいきません。

「自分は間違っていない」「私のほうが正しい」と考えているからこそ、相手を「否定」するわけです。

「あなたは間違っている」でも「私は正しい」。
「私は正しい」だから「あなたは間違っている」。

あらゆる争いごとは、このように「考え方」の違いから起こり始めます。

だから、人間関係がうまくいかないときには、相手を否定するのをやめるだけでも大きく違います。まずは認めるということです。

でも、考え方が違うんですから、「認めます」とは素直に言えないですよね。だから、言わなくてもいいんです。

「認める」という字は「言」に「忍」と書きます。「言うことを忍ぶ」のです。

つまり「認めてるよ」ってわざわざ言わなくていいのです。

ただ、そこに、いる。
ただ、そこに、ある。
それを、何も言わずに、見るだけでいい。
ただし、裁かない。

家族間においても、職場においても、自分が嫌っているものは、なかなか肯定できません。今まで否定してきたものを、簡単に肯定できないのは、むしろ自然なことです。

でも「裁かない」。ただ、見る。言葉を忍んで見る。

無理に肯定しなくていい。

わざわざ好きにならなくていい。

変えようとしなくていい。

「ただ、そこに、ある」と、ただ見留める。それだけでも「認める」になるのです。

「あの人のああいうところを直してもらえたら、もっと気持ちよく付き合えるのに」と思っていると、「変えられまい」と、グッとがんばってしまう相手が、そこに生まれます。

もし自分が誰かに考え方を変えられそうになったら、意地でも変えられないようにがんばりますよね。

でも、相手が「それはそれでアリかも」なんて言ったら、自分も「いや、そちらの言うこともわかるよ」なんて柔らかくなれるかもしれませんよね。

相手が変わらなくても、こちらの意見を聞いてくれなくても、「ま、いっか」と言ってみる。

そして「まるで自分みたいだなー」ってつぶやいてみましょう。

読まなくていい空気もある

「何をするにも、つい人の顔色をうかがってしまって、言いたいことも言えない」カウンセリングをしているとこういう悩みをよく聞きます。

実はこれ、空気だと「思っているもの」を読んでいるのです。勝手に空気らしきものをつくって、それを読んでいるのです。

そんな空気は読まなくてもいいんです。いや、もっと言うと、そんな空気を読んではいけません。

もともと「空気を読む」というのは、「相手への気づかい」や「優しさ」からです。でも「読まなくていい空気」はそれとは違います。その多くは「バカにされたくない」「否定されたくない」「嫌われたくない」などという、「恐れ」です。

つまり、この場合の「空気」とは、「バカにされてしまうかも」「嫌われてしまうかも」という「自分の不安」という名の空気なのです。

でも、**「不安」は、その場にあるものではなく、自分の中だけにあるもの。**「空気らしきもの」なのです。

だから、自分が不安に思っているその「空気」は、まったくの勘違い。自分の妄想と思っていいのです。昔聞いた、両親の声であったりもします。

「イヤな思いをしたくないと考えて、空気を読み、目立たないようにしてきたのに、結局、イヤな思いをしてしまう。どうしてだろう……」

「相手を怒らせないように、空気を読み、場を盛り上げたのに、結局、怒らせてしまった。どうしてだろう……」

こういう状況になっている人は多いのではないでしょうか。

その場合、「イヤな思いをしてもいい」「相手を怒らせてもいい」と思って行動してみてください。

「イヤな思いをしたくない」と考えている人ほどイヤな思いをするように世の中はできています。

「イヤな思いをしてもいい」

「相手を怒らせてもいい」

そう思って行動しているときって、「自分らしく」生きる決意をしたときです。そんなときに、悪いことが起こるはずはないですよね。

みんな「よかれと思って」しているだけ

職場でも、家庭でも「よかれと思って」の思いやりが空回りして、人間関係がぎくしゃくしてしまうことってよくあります。

これは当然のことなのですが、人によって「思いやり」の基準は違います。

でも、せっかく「よかれと思って」したのに、自分が期待していたのと違う行動を相手がすると、

「信じられない、そんなことを言うなんて」

「信じられない、こんなことをするなんて」

なんて不満に思ったり、傷ついたり。頭ではわかっていても心が納得しないことが

あります。

でも、これ、自分が勝手に「よかれと思って」しただけのことで、**相手が、〝絶対〟それを受け取る必要はないんです。**

だから、自分にとって気に入らない言動や出来事を見聞きしたときには、「あんなのでも『よかれ』と思ってやっているんだ」と思ってみてください。

それだけでも胸にとめておくと、心が少し変わります。

人には、いいところも悪いところもある。悪いところがあるのはしょうがない。でも、そうわかっていても、許せないことってありますよね。

「許す」って、難しいですよね。僕も、これはずいぶん苦労しました。

僕はこういうとき、**「そうなんだ」「そう思うんだ」「ほう、そうか」**とひと言で終わらせるようにしています。

「あなたの言ってることがわかったよ」ということではありません。賛同してるわけじゃないんです。「しょうがないよね」「無理もないよね」という意味です。

外で待ち合わせた部下が遅刻してきても、「そうなんだ。出かける直前にお客さんからクレームが来たとか、いろいろあるよね」という意味で、「そうなんだ」とひと言言ってみる。

仕事を押しつけてくる上司にも、「そうですか。何かと忙しいし、そうしちゃいますよね」という意味で、「そうですか」とひと言言ってみる。

会社や家庭で、誰かの「許せない」と思う出来事にぶつかったとき、あの人も「そう」するには、「そう」する「事情」があるのです。

それらを全部ひっくるめて「そうなんだ」と受け止めるのです。


口うるさい上司に困っているという人も、これをぜひ試してみてください。

相手の言葉を、まず受け取る。「そうなんだ」と。

「そうかなぁ」と、受け取らなかったり否定するから、相手は何度でも、いつまでもたたみかけてきます。「納得させたい」から。

自分が何かを話したとき、相手に「そうかなぁ」と反発されたり、「はいはい」と無視されたら、自分がどうしたくなるのかを考えればよくわかりますよね。だから、まずは「受け取ってみる」。「そうなんだ」と。

そして、**受け取ってから「BUT」ではなく「AND」で始める**のです。

「そうなんだ……でもね、私はこう思う」ではなく、
「そうなんだ……そしてね、私はこう思う」と。

そこから初めて、「話し合い」が始まります。

「BUT」を使うと、「話し合い」ではなく「言い合い」、「正しい合戦」になってしまい、本題からどんどんずれていきます。

相手の価値観や思いを受け取らないくせに自分の価値観や思いを受け取らせようとしても、相手は受け取りません。

自分が受け取ると、相手も受け取るのです。

相手のことを、否定しない。これが、コミュニケーションをするうえでの大前提です。

相手が「間違っている」のではない。私が「正しい」のでもない。

「思い出している」ということを知る必要があります。
怒鳴られたときに、体がすくんで動けないのは、ずっと昔に「怒られて、怖くて動けなかった」という体験を「思い出しているだけ」ということを知っていてほしいのです。

僕の場合、小学校のときにとても恐ろしい体罰を加える先生がいました。
子どもだから、失敗もするし、すぐウソもつくし、ふざけるし、怒られポイント満載です。で、何かにつけてモノサシや平手で叩《たた》かれる。僕は完全な無抵抗状態で恐ろしく、いつ怒られたり叩かれたりするのかが怖くて、先生の顔色をうかがう日々でした。

実は当時の先生は、その鬼のような上司ととてもタイプが似ています。問い詰められたり、問いただされると何も答えられない。ついウソをついたり、取り繕ったりもしてしまいます。誤解されているときでもうまく説明ができずにただ怒られてしまう。

こんなふうに、誰かと誰かを重ねて同じ反応をしてしまうことを「**投影**」と言います。

僕が目の前の上司に反抗できなかったのは、学校の先生という「投影の元」を知らずに思い出していたからです。下手に抵抗して、嫌われて、評価を落とされたり、叩かれたりすることを恐れるがために、いつも怒りの嵐にさらされていました。

だからと言って、「さあ！　勇気を出して反抗しましょう」というわけではありません。

「怒る」は「弱さ」を守っています。怒鳴る人も「怖がっている」のです。

自分の弱さを必死に守って、自分より弱い人や下の立場の人に対しては強くなります。でも、相手が正論をきちんと言ってきたり、自信ありげだったり、毅然《きぜん》としていた場合には、急に弱くなったり、大切にしてきたりします。

だから、誰かを怒らせてしまったときには、自分が「毅然と」「余裕で」いられれば事態は変化するわけです。そんな方法をお話ししましょう。

まずは日頃から、次のような言葉をつぶやいていてください。

それでも怖いときは、怒っている人を、イメージの中でめった切りにしてもいいし、ロケットにくくりつけて、宇宙のかなたまで飛ばしてしまってもいいし、イメージの中で思いきり文句を言ってもいいです。

たまには愚痴ったり、心の中で相手をやっつけたりするガス抜きも大切なのです。

〝本当の〟本音は、どこにあるんだろう？

「本音を伝える」って頭ではわかるけど、どう行動すればいいかと考えると、難しいですよね。そんなとき、僕がおすすめする方法が一つあります。

何か改善したい状況や人間関係があるとき、「あなたは～」ではなく「私は～」で始まるように話しましょうということです。

心理学ではこれを「Ｉメッセージ（わたしメッセージ）」と言いますが、さらに今回は、心屋流をお話しします。

「わたしメッセージ」というのは、「あなたのここがおかしい」といった

「あなた」から始まる言葉には、相手の何かを正そうとする「指摘」や「攻撃」も含まれているので、使わないほうがいい。その代わりに「私は、こうされると悲しくなる」「私は～そうしてほしくない」といった、「私は」で始まる言葉を選んでみましょう。「私は、」のあとに、「自分の気持ち」を素直に伝えましょうというものです。

「あなたの時間にだらしないところを直してちょうだい」

ではなくて、

「私は、あなたが遅刻してくると、何かあったのかと心配でしかたないの」

と言ったほうが、コミュニケーションとして素直です。

と、これが普通の「わたしメッセージ」です。

さて、ここでよく考えてほしいのですが、「本音」とはなんでしょうか。

「**本当に望んでいること**」ですね。

職場で、ちょっとしたことから言い争いになったりしたとき、人はこの「本当に望んでいること」はあまり言おうとしません。

そして、人はそんなふうに「自分のつらさや悲しさをわかってもらえた」ときに、心が癒《いや》されていくのです。

頼りがいのない上司ほど部下が育つ不思議

理想のリーダーというと、みずから先頭に立って、部下を引っぱっていき、一丸となって目標達成に邁進《まいしん》する人、というイメージをもっている人が多いのではないでしょうか。

でも、そんなリーダー像に囚《とら》われていると、リーダーはスーパーマンのように万能、判断力も推進力も備えた人にならないと務まらないことになります。

だからなのか、みんなに言うことを聞かせて、支配しなければと思い始めたり、意のままに動いてくれない部下を責め立て、「正論」で攻撃し、虚勢を張る。そこまでしても部下は動いてくれなくて、いつもイラだっている人が多いです。

「本当は部下にバカにされているのではないか」

「本心からついてきてくれているのだろうか」

「ちゃんと正しい指示が出せただろうか」

こんな不安が高じて、権威を保とうとますます威圧的になり、虚勢を張り、なかには心が壊れてしまう人もいるでしょう。

こういう上司のもとでは、部下が失敗を恐れて、最低限の言われたことしかやらないし、闊達《かったつ》な意見の交換もありません。みんな指示待ちで、自分の判断力を眠らせてしまいます。

そう、**「ダメだからなんとか変えたい」と思って部下に接すると、なんと、部下はその期待に応《こた》える、ということをするようになる。**「どうにもならない部下」になっていくのです。

たしかに紛争や災害時など有事のときには、強いリーダーが必要なのかもしれません。みながみな好き勝手な行動をすれば、たちまち乱れてしまいます。

でも、少なくとも今日の社会組織では、このような強いリーダーは求められていません。

実は、ちょっと頼りなさそうな人。**「まわりが担ぎたくなるお神輿《みこし》のような」リーダーがいいのです。**

えっ⁉ と思われる方がいらっしゃるかもしれませんが、本当のことです。

頼りなさそうな人が上に立つと、部下は何を思うのでしょうか。

「これは大変だ。自分がしっかりしないと！」

こう考えるのです。みながみな、自発的に行動し、上司を守り立てていくのです。

そうされた上司は、「助けてくれた部下に感謝」するようになります。

「いつも一生懸命がんばってくれてありがとう。本当に助かっているよ」と、心からねぎらい、信頼するようになります。

そして、どんどん任せていきます。失敗してもいいからやってごらん、と伝え、失敗したらちゃんと尻拭《しりぬぐ》いをしていきます。

するとその部下は、大切にされたという充実感で満たされ、さらにみずからの意思で行動していくのです。

部下を信頼できない人は、部下がドジを踏むことで、自分の評価や価値が「減る」ことを怖がっています。だから任せられません。

でも、そう考えて接していると、**相手は「問題がある人」「ダメな人」「育てる必要のある人」という面しか見せなくなります。**これでは、いくらがんばっても変わるはずがないんです。

後輩や部下に腹を立てる人も、信じて見守るようにしてみてください。

自分が、信じて見守る人、になれば、自分のまわりには、

自分の力で学んで成長する人

許されないようなことをしない人

いつもニコニコしている人

自分を大切にしてくれる人

そんな素晴らしい人を作り上げることになるのです。

鶏も鶏舎で育てたブロイラーよりも、庭先で放し飼いにされた鶏のほうがいい卵を産みますからね。

人生のなかでやり残してきた宿題がある

ここまでお話ししてきたことで、僕たちが特定の出来事や発言に対して過剰に反応するときというのは、何かを「怖がっている」ということをおわかりいただけたと思います。同時に、あなた自身が、何を怖がっているのかもおわかりいただけたのではないかと思います。

最後にもう1つ、重要なことがあります。それが「**言い残した言葉がある**」ということです。これが「人生のなかでやり残してきた宿題」です。

言い残した言葉というのは、「ちゃんと終わらせていない感情」ということです。

子どものころに体験をした、傷ついた、嫌われた、劣って恥ずかしいと感じた体験は、事実かどうかは別として、「自分だけの事実」として、自分の記憶のなかに刻まれています。

そして、その「嫌な場面」で、「言えなかったセリフ」があるのです。

それを思い出してみてほしいのです。

たとえば、

「やめて」

「もっと褒めて」

「遊んで」

「連れてって」

「すごいねって言って」

「可愛いねって言って」

「抱っこして」

というようなセリフです。

でも、言えなかった。

でも、「いまだに」言いたい。


あなたにとって、子どもの頃のイヤな、さみしい、つらい思い出のなかで、言えなかった言葉はなんですか。

その「思い」が、まだ未消化の思いとして心のなかに残ってしまっている。だから、今、まわりの人たちにその思いをぶつけようとしてしまうのです。

でも、それは「身代わり」です。本当にその言葉をぶつけたい人は、過去の人だということです。

その言葉を、言えなかったあの人に、言いたい。

これ、今からでも言えるんです。ただし、今、目の前にいる同一人物に、ではありません。

たとえば、昔、お母さんに「つらいから、やめて」と言いたかった。でも、言えなかった。そんなとき、今目の前にいるお母さんに向かって、「あのとき、実はつらかった、やめてほしかった」と言っても、お母さんの答えは、十中八九決まっています。

「え、そんなことあったっけ?」です。

くやしいですねー。でも、それが現実です。

では、誰にぶつけたらいいのか。若いお母さんは、もういません。

でも、実は、いるのです。

そう、あなたの頭のなかにいるのです。イメージとして。

だから、当時のお母さんを思い出して、そのイメージのなかのお母さんに、

「さびしかった」

「くやしかった」

「もっと褒めてほしかった」

「バカ」

「嫌い」

と、つぶやいてみるのです。場合によっては大きな声で言ってみるといいかもしれません。「やめて！」って。

なかには、「当時の自分」に文句を言いたい人もいます。当時のふがいない自分にずっと腹を立てている今の自分がいる。そんなときも同じです。

小さいころの、情けない自分を思い出し、その自分をちゃんと責めるのです。

その自分をちゃんと責めていないから、今の自分を責め続けているのかもしれません。

「なんでそんなこともできないのよ」
「はっきり言いなさいよ」
「ほんとダメなんだから」

と、当時の自分をちゃんと叱責してあげてください。
小さいころの自分をちゃんと責めたら、あとは、

「でも、しかたないよね」
「できなかったんだもんね」
「怒ってごめんね」
「嫌ってごめんね」
「私が一番あなたのことを認めてなかったね」

そう言って、小さな自分を抱きしめてあげてください。

それだけで、フッと心が緩んで、温かい気持ちになれるかもしれませんね。

よく考えてみると、そんなに悔しくて、悲しくて、思い続けているってことは、よっぽど好きだったからなんでしょうね。

だから最後に、「**だいすき**」って言っておいてくださいね。


「ほんとうは、大好きだよ」

「ほんとうは、とっても大事だよ」

「ほんとうは、愛されてるんだよ」

こ　の　章　の　ま　と　め

▶「素直になる」とは、自分の素晴らしさを受け取ること。

▶「大丈夫」と言うほど、過去のイヤな思いにフタをしてしまうことになる。

▶相手を無理に肯定しなくていい。好きにならなくていい。変えようとしなくていい。

▶「なんで、その言い方に腹が立ったのか」というところに、本当の本音がある。

▶「大切にしてくれているのなら、○○してくれるはず」という期待が、イライラを招く。

▶部下を信頼できない人のまわりには、「迷惑をかける部下」が自然と育つ。

▶相手への説教は、たいてい「自分への説教」になっている。

あとがきにかえて

人間関係に振り回されないキーワードは、勝手にいじけない、我慢しない、隠さない、ということです。

我慢して「いいひと」をしていると、「悪いひと」に振り回されるのが世の常です。でも、その「悪いひと」も、本当はそうではないのかもしれません。

僕たちは自分のことをほとんど知りません。

自分は、自分が思っているよりももっとひどくてダメなやつです。

「実は私は、ダメな人なんです」
「実は私は、間違っています」
「実は私は、もう負けています」
「実は私は、悪いやつです」
「実は私は、何も知らない人です」

そう口に出してつぶやいてみてください。

どんな気持ちになるでしょうか。

それを隠しているあいだは、いつも「嫌われたらどうしよう」と悩まされます。

「もっともっといいひとでいないと」と思い込んで、必死になって空回りしてしまうのです。

この「実は自分がダメなやつなんだ」ということを認めてしまうことで、まわりが怖くなくなります。恐怖が減ってくるので、心の過剰反応がなくなるのです。

その、ダメな自分を認めていくのが、「甘える」ということ。そして、「迷惑をかける」ということです。

「目の前の人たち」のことは、もう変えようとしなくていいのです。

そう、自分が、人に甘え、迷惑をかけることを恐れないでください。

目の前のイヤな人のようにね。目の前に、「本当の自分の姿」「自由な自分」がいたのです。

そしてもうひとつ、自分は自分が思っているよりも素晴らしいのだということを受け入れることです。

すると、自分が軽く扱われたり、バカにされたり、無視されたりすることがなくなり、大切な人、重要な人として尊重されるようになります。

つまり、自分が自分のことを一番軽く扱い、無視して、大切にしていなかっただけなのです。だから、目の前の人たちも、自分のことをバカにし、軽く扱ってくれた。

「ちゃんと言う」「素直に生きる」ことが、自分を尊重し、大切にしていくことになります。

「実は、私は素晴らしい人です」
「実は、私は魅力のある人です」
「実は、私は愛され助けられる人です」
と声に出して言ってみてください。

そう、もう愛されているから、愛されようとしなくていいんです。

どうせ、あなたは、素晴らしいのです。
どうせ、あなたの夢は、叶《かな》うのです。

あなたが、幸せに暮らすことは、
実はずっと前から決まっていたのです。

それは、あなたが愛されていることも
ずっと変わらず決まっているからなのです。

疑ってもいいのです。
嫌われてもいいのです。

あなたが愛されていることは、自分が信じようが信じまいが、
疑う余地のないぐらい決まっていることなのです。